沙滩排球

全民健身项目指导用书

庞明 张莹◎主编

吉林出版集团股份有限公司 全国百佳图书出版单位

图书在版编目（CIP）数据

沙滩排球 / 庞明，张莹主编. -- 2版. -- 长春：
吉林出版集团股份有限公司，2010.2（2024.8重印）
全民健身项目指导用书
ISBN 978-7-5463-2372-5

Ⅰ.①沙… Ⅱ.①庞… ②张… Ⅲ.①沙滩排球 – 基
本知识 Ⅳ.①G842

中国版本图书馆 CIP 数据核字(2010)第 028524 号

全民健身项目指导用书

沙滩排球
SHATAN PAIQIU

主　　编　庞明　张莹
责任编辑　李婷婷
封面设计　吕宜昌
开　　本　650mm×960mm　1/16
印　　张　8
字　　数　60 千
版　　次　2010 年 2 月第 2 版
印　　次　2024 年 8 月第 4 次印刷
出版发行　吉林出版集团股份有限公司
地　　址　吉林省长春市福祉大路 5788 号
邮　　编　130000
电　　话　0431-81629968
电子邮箱　11915286@qq.com
印　　刷　三河市金兆印刷装订有限公司
书　　号　ISBN 978-7-5463-2372-5　　定　　价　39.80元

序言

自 1995 年我国政府推出《全民健身计划纲要》以来，我国群众性体育活动蓬勃发展，取得了显著的成绩。2008 年，举世瞩目的北京奥运会的成功举办，极大地激发了亿万人民群众的体育热情，增强了全社会的体育意识，营造了浓厚的全民健身氛围。面对这样的可喜局面，群众体育科研、教学工作者应义不容辞地为社会实践服务，从不同角度思考，如何使普通百姓通过简而易行的身体锻炼方式、方法和手段达到良好的健身效果，达到拥有健康的目标，从而享受生活、享受快乐人生。该书系就是在这样的思想指导下诞生的。

本书系能够顺应国家体育的大政方针，掌握时代脉搏，对指导大众健身，使大众掌握健身方法和手段有很好的促进作用。

本书系图文并茂，实用性强，分为球类运动、体操健身运动、传统武术、冰雪运动、水上运动、体育舞蹈、休闲运动、格斗运动、民间体育活动和极限运动等十大类项目，计 100 分册，按照统一的体例，力争有所创新。每册的具体内容为该项目的起源与发展、运动保健、基本技术、运动技巧、比赛规则等，使读者在学习过程中，不仅能够学会运动健身的方法，同时还能够学到保健方面的基本知识。

经国务院批准，自 2009 年起，将每年的 8 月 8 日定为"全民健身日"。《全民健身项目指导用书》的出版，必将为开展全民健身活动起到积极的推动和指导作用。

目录 CONTENTS

目录 CONTENTS

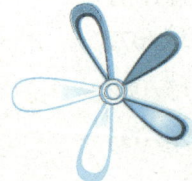

第一章 概述

　　沙滩排球运动是排球运动的衍生项目,因其具有规则简单、参与相对容易的独特优势,逐渐进入人们的视野,是世界上最流行的夏季体育运动项目之一。

起源与发展

　　沙滩排球运动起源于 20 世纪 20 年代的美国，发展到今天，无论在技术上，还是在战术上都取得了巨大的进步，并且在世界各地广泛传播，深受人们的喜爱。

概述

 **起源**

　　沙滩排球运动最早出现在 20 世纪 20 年代美国的加利福尼亚州。当时它只是一项海边休闲娱乐活动。

　　1947 年，加利福尼亚州第 1 次出现 2 人制的正式沙滩排球比赛。

　　1976 年，第 1 届世界沙滩排球锦标赛在美国举行，比赛设 5000 美元的奖金，这是职业化沙滩排球的开始。

　　由于打沙滩排球只需球网、排球和泳装等简单的运动器材和装备，并且，人们在比赛的同时能充分享受阳光、沙滩和海水，可以减轻工作压力和生活压力，因此，沙滩排球运动很快在美国兴起并流行开来。

 **发展**

　　沙滩排球运动在诞生之后，很快在世界各地传播开来。随着技术的进步、规则的完善，以及国际赛事的举办，沙滩排球运动逐步走上规范化道路，并成为全民健身运动的有机组成部分。

 **传播**

　　沙滩排球运动于 1927 年穿越大西洋传入法国，进入捷克斯洛伐克，并逐渐风靡美洲的巴西、阿根廷以及大洋洲的澳大利亚和新西兰等国。

　　20 世纪 80 年代，国际排球联合会（FIVB，简称国际排联）开始在世界范围内宣传、普及沙滩排球这一崭新的排球运动形式。

1987 年 2 月，第 1 届世界沙滩排球锦标赛在巴西里约热内卢南郊的海滩举行，来自 7 个国家的 40 名选手参加了比赛。

1988 年，国际排联正式成立了国际沙滩排球理事会，并开始筹备世界沙滩排球系列大赛。

1992 年，作为表演项目的沙滩排球第 1 次在西班牙巴塞罗那举行的奥运会上出现。当时，有来自五大洲的 100 名男、女选手参赛。当年，首届世界女子沙滩排球锦标赛在西班牙举行。

1993 年，在国际奥林匹克委员会第 101 次代表大会上，沙滩排球运动被确定为 1996 年亚特兰大奥运会的正式比赛项目。

机构与赛事

✿ 机构

国际排球联合会于 1947 年成立，下设世界沙滩排球理事会，是世界上管理并协调各种形式的排球和沙滩排球活动的国际组织。

✿ 赛事

(1)奥运会沙滩排球赛，每 4 年 1 届；
(2)世界沙滩排球锦标赛，每 4 年 1 届；
(3)世界杯沙滩排球赛，每 4 年 1 届；
(4)世界沙滩排球巡回赛，每年 1 届。

发展趋势

✿ 国内趋势

沙滩排球被国际上公认为 21 世纪最流行的运动项目之一，风靡 100 多个国家和地区，于 1994 年进入我国。虽然我国良好的室内排球技术为沙滩排球运动在起步阶段的发展起了良好的推动作用，但我国的沙滩排球要想追赶世界领先水平，必须自立门户求发展，在专、精、深上下工夫。沙滩排球运动更强调技巧、身体灵活性和基础体能，这是中国选手的优势。此外，沙滩排球运动对选手身高、力量的要求不像室内排球那么严格。因此，沙滩排球在中国是一个很有希望的运动项目，

并很有可能超越室内排球。

人们经常参加沙滩排球运动，不仅能改善人体中枢神经系统和内脏器官的功能，改善身体健康状况，还能提高力量、速度、弹跳等专项身体素质和运动能力。此外，沙滩排球运动还能够锻炼参与者的团队合作精神，是老少皆宜的健身休闲运动。

随着我国经济的持续发展，人们的生活水平的不断提高，健康已经成为人们追求高质量、高品质生活所最关心的问题。尤其是在《全民健身计划纲要》实施以来，全民健身运动在全国范围内蓬勃发展，越来越多的人重视并参与到健身运动中来。沙滩排球以其独特的魅力，已经发展成为全民健身运动不可缺少的重要组成部分。

国外趋势

从当今世界排球的发展趋势看，沙滩排球运动在世界上的许多国家和地区发展得极为迅速，受欢迎程度有时甚至超过了室内排球。可参与性强、高雅的休闲性和轻松的娱乐性是沙滩排球得以广泛传播的重要原因。沙滩排球与流行音乐等户外时尚元素的结合，更提高了沙滩排球运动的可接受性。目前，沙滩排球运动已经体现出越来越强的成长活力。随着其商业化和职业化步伐的加快，沙滩排球在世界上的影响力也将日益扩大。

第二节

场地、器材和装备

沙滩排球运动对场地、器材和装备都有一定的要求，高质量的场地是运动开展的前提条件，而良好的器材和装备则是练习者高技术水平发挥的必要保障。

场地

沙滩排球要求在海滩上进行，其场地在规格、设施和要求上，与普通排球的场地不尽相同。

 **规 格** 见图 1—2—1

（1）正式比赛场地必须是由至少 40 厘米厚且松软的细沙组成的水平沙滩；

（2）场地呈长方形，长 18 米，宽 9 米；

（3）场地四周的长边为边线，短边为端线，没有中线和进攻线；

（4）场地的界线宽 5～8 厘米，线与沙滩的颜色须有明显的区别，并且由抗拉力材料的带子构成。

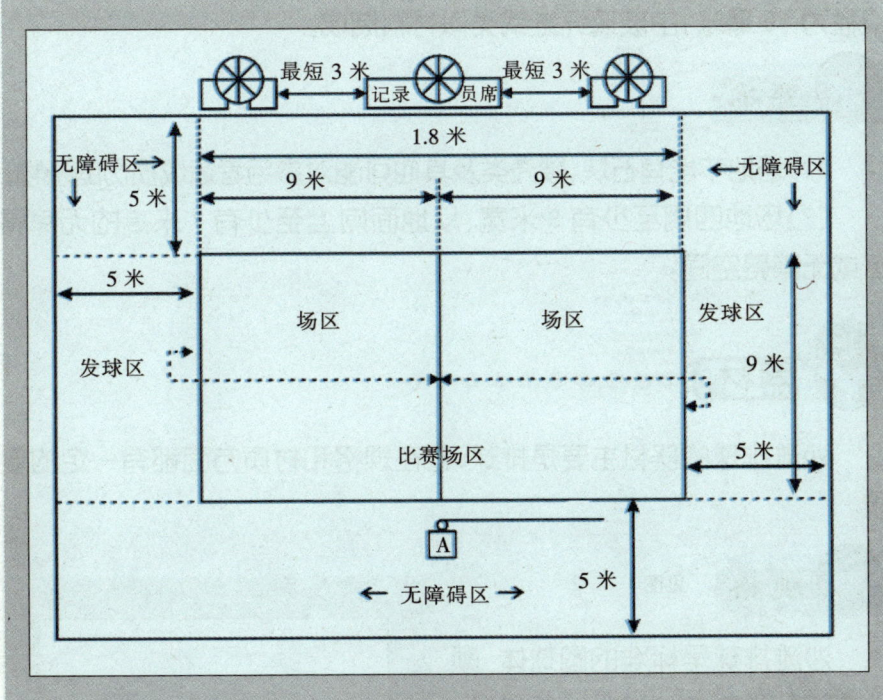

图 1—2—1

 **设 施**

网柱

（1）网柱固定在两条边线外 0.7～1 米的地方；

（2）禁止用拉链固定网柱，网柱本身要用海绵等柔软物包裹，以防止参与者受伤。

球网

(1)在正式比赛中,成年组男子网高为 2.43 米,女子网高为 2.24 米;

(2)少年组男子网高为 2.24～2.35 米,女子网高为 2～2.15 米;

(3)球网长为 8.5 米,宽为 1 米(±3 厘米),网眼直径为 10 厘米;

(4)球网设在场地中央,球网上有两条长为 1 米、宽为 5～8 厘米的彩色标志带,分别设在球网两端,垂直于边线;

(5)在标志带的外沿、球网的两侧设有两根标志杆,长为 1.8 米,直径为 10 毫米,由玻璃纤维或类似材料制成。

要求

(1)场地不能有石块、硬壳类及其他可能对参与者造成损伤的杂物;

(2)场地四周至少有 3 米宽、从地面向上至少有 7 米高的无障碍区或无障碍空间。

器材

沙滩排球的器材主要是排球,它在规格和材质方面都有一定的要求。

 规格 见图 1-2-2

沙滩排球呈标准的圆球体,颜色为浅黄色或其他浅色,如橙色、白色等。球的圆周为 65～67 厘米,重为 260～280 克,气压为 17.15～22.05 千帕。

图 1-2-2

 **材质**

球必须由 12 块或 18 块柔软、防水的皮革制成，以适合室外比赛条件，保证在下雨时也能进行比赛。

 **装备**

在进行沙滩排球运动时，舒适、得体的装备对参与者不但有安全保护作用，还有助于技战术水平的充分发挥。

 **服装** 见图 1-2-3

款式

在正式比赛中，选手的服装应为短裤或泳装。在平时的训练和日常锻炼中，可选择普通运动 T 恤和短裤。

要求

（1）上衣和短裤必须整洁；

（2）除裁判员特许外，选手必须赤脚；

（3）选手的上衣（如允许不穿上衣则为短裤）的号码必须是 1 号和 2 号，号码必须在胸前（或短裤前）；

（4）号码必须与服装颜色明显不同，并至少 10 厘米高，号码笔画的宽度至少为 1.5 厘米。

图 1-2-3

装备 场地、器材和

 护具

❋ 眼镜　见图 1-2-4

　　由于沙滩排球是在户外进行的运动，而且选手都要面对太阳比赛，所以，选手会选择眼镜来保护眼睛，减少光线对眼睛的刺激，以便更好地投入比赛。

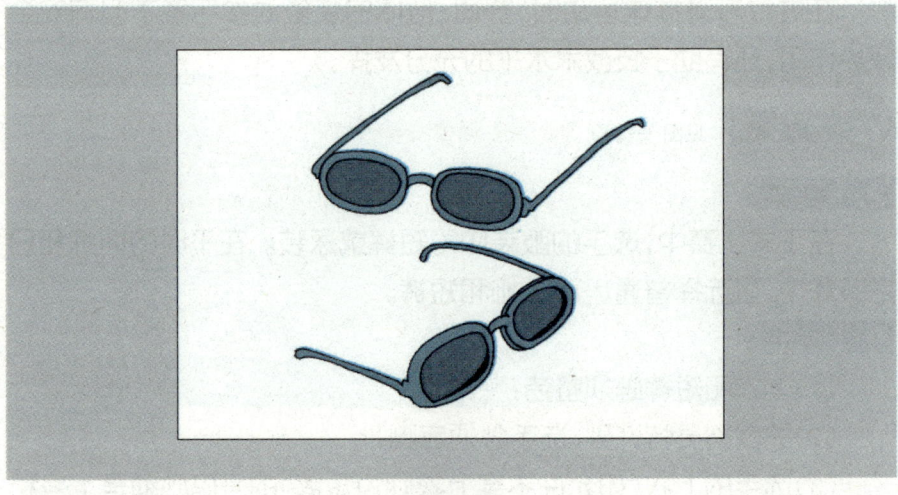

图 1-2-4

❋ 帽子　见图 1-2-5

　　沙滩排球规则规定，允许选手戴帽子，以避免高温和阳光直晒。

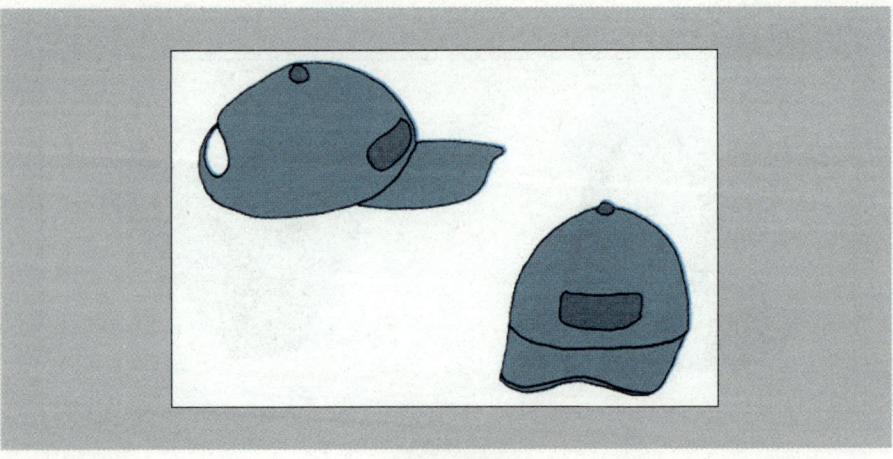

图 1-2-5

其他护具 见图 1—2—6

    沙滩排球是竞技体育项目,选手应选择适合自己的实际情况的护具,如护指、护腕和护膝等。

图 1—2—6

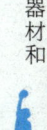

装备 场地、器材和

第二章 运动保健

　　体育运动对增强体质、预防疾病和促进健康具有良好的作用。但是，并非所有人从事相同的运动都会达到同样的效果。对于同一种运动负荷，不同人机体的反应差异是很大的，即使同一个体，在不同时期、不同机能状态下，对同一负荷的反应及效果也是不一样的。因此，对于不同个体，应制定适合其机能需要的运动强度、时间、频率和持续周期。从事体育锻炼一定要讲究科学性，使机体最大限度地获得运动价值，使某些疾病得到有效的防治。

第一节

自我身体评价

　　自我身体评价是指根据个体的不同情况以及简单的功能评定标准，对锻炼者进行身体评价，并以此为依据，确定具体的锻炼内容。

适宜人群

　　体适能是全身适应性的一部分，是人体精神和体力对现代生活的适应能力。为了促进健康，预防疾病，提高生活质量和工作学习效率，几乎所有人都可以追求健康体适能，而且经过简单的评价和测试，均可以成为目标人群，即适宜人群。

健康体适能评价标准

　　健康体适能是指身体有足够的活力和精力处理日常事务，而不会感到过度疲劳，并且还有足够的精力去享受休闲活动和应对突发事件。

　　健康体适能是确定锻炼者是否为运动适宜人群的主要依据。目前的评价标准主要包括国民体质测定标准、学生体质测定标准和普通人群体育锻炼标准等。

　　国民体质测定标准主要包括形态指标、机能指标和素质指标 3 个部分，各项指标的测定结果均为 1～5 分，共 5 个级别。凡各项指标达不到 4 分或 5 分者，均应被纳入健身人群。

　　学生体质测定标准分为优秀、良好、及格和不及格 4 个级别。优秀水平以下者，均应被纳入健身人群。

　　普通人群体育锻炼标准分为 5 个级别，凡达不到 4 分或 5 分者，均应被纳入健身人群。

運動保健

简易运动功能评定

简易运动功能评定的目的在于确定锻炼者有无运动禁忌症或临时运动禁忌的情况，即是否适合参加体育锻炼，以达到防备万一、避免意外事故发生的目的。目前通行的方式为3分钟踏台阶测试。

目的

测试锻炼者运动后心率恢复的情况，以评估其心肺功能。

器材　见图2-1-1

30厘米高的长凳、节拍器、秒表和时钟。

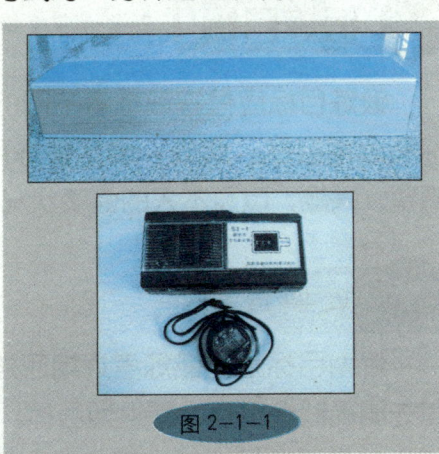

图2-1-1

步骤　见表2-1-1

（1）节拍器设定为每分钟96次，锻炼者依"上上下下"的节拍运动3分钟。

（2）锻炼者完成3分钟踏台阶后，5秒钟内开始测量其脉搏，时间为1分钟，记录其心率，并依据下表评价其功能水平。

（3）运动后心率越低，证明其心肺功能越好。在运动强度允许的范围内，锻炼者可选择运动强度的较高值来进行运动。

 表2-1-1　3分钟踏台阶测试评价表

	年龄（岁）	欠佳（次）	尚可（次）	一般（次）	良好（次）	优异（次）
男士	18~25	>115	105~114	98~104	89~97	<88
	26~35	>117	107~116	98~106	89~97	<88
	36~45	>119	112~118	103~111	95~102	<94
	46~55	>122	116~121	104~115	97~103	<96
	56~65	>119	112~118	102~111	98~101	<97
	65+	>120	114~119	103~113	96~102	<95
女士	18~25	>125	117~124	107~116	98~106	<97
	26~35	>128	119~127	111~118	98~110	<97
	36~45	>128	118~127	110~117	102~109	<101
	46~55	>127	121~126	114~120	103~113	<102
	56~65	>128	118~127	112~117	104~111	<103
	65+	>128	122~127	115~121	101~114	<100

注意事项

如锻炼者经过努力仍无法达标，或出现头晕、胸闷、出冷汗等症状，应立即终止测试。运动中应特别考虑运动强度，以防止出现意外。

锻炼目标

锻炼目标应根据锻炼者不同的身体状况来确定，可分为近期目标和远期目标。此外，确定锻炼目标还应结合锻炼者的运动意向、愿望、兴趣，以及本人的健康状况、疾病程度等因素来进行。

近期目标

近期目标是指锻炼者近期应达到的目标。在进行运动之前，应首先明确锻炼目标，即近期目标。选择一两个健康体适能构成要素，作为未来两个月内努力完成的目标，而且应从成功概率较高的构成要素开始，并将预期两个月后要达到的目标做上记号，如提高某个或某些关节的活动幅度，增强某个肌肉群的力量等。

远期目标

远期目标是指锻炼者最终要达到的目标。实践证明，经过科学合理的锻炼后，锻炼者是可以达到一般的远期目标的，如提高心肺功能，使其达到优秀的等级，或达到降血脂、防治高血压和冠心病的目的等。

运动负荷

运动负荷即运动量。怎样控制运动量，合适的运动时间是多少等，一直是人们争论不休的问题。但有一点是可以肯定的，那就是任何有关身体活动的意见和建议，都需要综合考虑锻炼者的身体状况和所要达到的目标，并以此为依据来制订科学的身体锻炼计划。

运动强度

在运动过程中,运动强度过小,则无法达到锻炼的效果;运动强度过大,不仅达不到最佳的锻炼效果,还可能产生一些副作用,甚至出现意外事故。确定运动强度有两种方法,即心率简易推测法和主观感觉疲劳分级表推测法。

心率简易推测法

(1)年龄在 20 岁左右的年轻人,身体健康,能坚持体育锻炼,欲进一步提高身体机能,可取最大心率值(最大心率值 =220－年龄)的 65%～85%。

(2)年龄在 45 岁以下,身体基本健康,有运动习惯者,开始进行健身锻炼,可取最大心率值的 65%～80%,没有运动习惯者,开始进行健身锻炼,可取最大心率值的 60%～75%。

(3)年龄在 45 岁以上,身体基本健康,有运动习惯者,开始进行健身锻炼,可取最大心率值的 60%～75%,没有运动习惯者,建议根据自身情况咨询专业人员来指导和确定运动强度。

主观感觉疲劳分级表推测法　　见表 2-1-2

运动的疲劳程度大致分为 10 级,具体为:0～1 级,没感觉;2～3 级,尚轻松;4～5 级,稍累;6～7 级,累;8～9 级,很累;10 级,精疲力竭。因此,健身锻炼的运动强度应控制在主观感觉疲劳程度的 4～7 级。

表 2-1-2　　主观感觉疲劳分级表

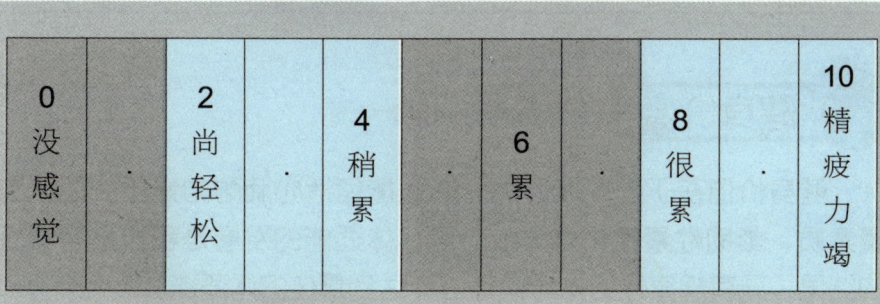

 运动频率

运动频率是指每日及每周锻炼的次数。一般每周锻炼 3～4 次，即隔日锻炼 1 次即可。有充足的休息时间，可使机体得到充分的休息，收到更好的锻炼效果。

 运动持续时间

运动强度和运动持续时间，决定了一次锻炼的运动量和热量消耗。运动持续时间与运动强度成反比，运动强度大，运动持续时间可相应缩短，运动强度小，则运动持续时间应相应延长。

一般的健身锻炼，运动持续时间以每天 20～60 分钟为宜，其中包括准备活动时间、健身锻炼时间和整理活动时间。每次健身锻炼应在 20 分钟以上，锻炼可一次性完成，也可分段进行，但每段的活动时间应在 10 分钟以上。

第二节

运动价值

运动价值是人们一直在探讨的问题。一般认为，运动具有两方面的价值，即健身价值和心理价值。身体和精神的健康是相互依存的，伴随着身体功能的改善，精神状况也能同时得到改善。

 健身价值 ◆◆◆◆◆◆◆◆◆

健身价值在于提高体适能。体适能包括心肺耐力素质、肌肉力量素质、柔韧性素质和身体成分等。体适能的发展是积极从事锻炼的结果，只有规律性的体育锻炼才能达到最佳的体适能。

提高心肺耐力素质

心肺耐力是指全身肌肉进行长时间运动的持久能力，是体内心肺系统对身体各细胞的供氧能力。人体的心脏、肺、血管、血液等组织的功能是心肺耐力的基础，它们与氧气和营养物质的输送以及代谢物的清除有关。健全的心肺功能是健康的基本保证。

系统的体育锻炼，可以使心肌增厚，收缩力加强，心室容积增大，从而使心脏的泵血功能增强，表现为心血输出量增加。

系统的体育锻炼，呼吸系统机能也将得到提高，表现为呼吸肌的力量增强，肺活量、肺通气量明显增加，保证对机体供氧的能力。

系统的体育锻炼，可以促进血管系统的形态、机能和调节能力产生良好的适应力，从而提高机体的工作能力。

系统的体育锻炼，可以使血液系统产生某些适应性变化，如血容量增加、血黏度下降、红细胞膜弹性增强和红细胞变形能力增强等。

 ## 提高肌肉力量素质

肌肉力量是指肌肉最大收缩产生的对抗阻力或负荷的能力。肌肉力量只有达到一定的程度，才能克服外界阻力，而克服外界阻力是维持日常生活自理、从事各种劳动和运动的必要前提。

系统的体育锻炼，可以提高肌肉的生理横断面积，可以改善神经系统对肌肉收缩的支配功能，还可以提高肌肉内代谢物质的储备量，使肌肉力量得到提高。

 ## 提高柔韧性素质

柔韧性是指人体各关节的活动幅度，即关节的肌肉、肌腱和韧带等软组织的伸展能力。柔韧性对于保证正常生活质量、维持正常体态、预防损伤发生和减轻损伤程度等方面均起到至关重要的作用。

系统的体育锻炼，还可以延缓因年龄因素而导致的柔韧性下降，预防因缺乏运动而导致的关节结构、周围软组织和膝关节肌肉退化，从而使锻炼者的日常生活、劳动和运动等更加充满活力。

运动保健

改善身体成分

身体成分是指人体体重中的脂肪组织和去脂组织的重量百分比。身体成分中的脂肪成分增加，肌肉成分必然下降。身体中不具备收缩功能的脂肪组织增加，必然导致身体进行各种活动的能力下降，基础代谢水平降低，肥胖症、冠心病、高血压、糖尿病、高血脂等慢性疾病发病率的提高。因此，身体成分是保证人体健康的重要内容之一。

通过系统的体育锻炼，随着锻炼者体质的增强，热量消耗便随之增加，进而燃烧掉体内多余的脂肪，使身体成分得到改善。而身体成分的改善，又可以减少体重对关节可能带来的不利影响，还可以使肥胖者的心理状况得到改善，增强其自信心，使其逐步建立起健康的生活方式。

心理价值

研究证明，有规律的体育锻炼不但可以使锻炼者增强体质、促进身体健康、预防一些慢性疾病，还可以提高锻炼者的生活满意度和生活质量，对其心理健康产生积极影响。

体育锻炼的心理健康效应主要表现在六个方面：

改善情绪状态

短期效应

研究发现，体育锻炼对人的情绪状态具有显著的短期效应。运动后人们的焦虑、抑郁、紧张和心理紊乱等症状会明显减轻，而

精力和愉快程度则明显增强。而且这种情绪的迅速变化，与锻炼者个体的健康状况、活动形式和活动强度等有着直接的联系。

 长期效应

体育锻炼对人情绪的长期效应有着直接的影响，与不锻炼者相比，有规律的锻炼者在较长时期内很少会产生焦虑、抑郁、紧张和心理紊乱等情绪。

完善个性行为特征　见表 2-2-1

人们的行为特征一般可以分为两种类型，用 A 型行为特征和 B 型行为特征来表示。A 型行为特征主要表现为性情急躁、争强好胜、容易激动、整天忙碌和做事效率高等。B 型行为特征主要表现为不好竞争、不易紧张、不赶时间、对人随和、喜欢自由自在等。具有 A 型行为特征的人由于过度紧张的情绪反应，会引起内分泌失调，增加心脏病发病的概率。目前的一些研究主要集中在体育锻炼对改变 A 型行为特征的作用方面。研究结果表明，有规律的体育锻炼能明显改变 A 型行为特征。

表 2-2-1　A、B型个性行为特征常见表现

A 型行为特征者常见表现	B 型行为特征者常见表现
约会从来不迟到	对约会很随便
竞争意识很强	竞争意识不强
别人要讲话时总爱抢先或插话	是别人讲话时很好的听众
总是匆匆忙忙	即使有压力也从不匆忙
等待时缺乏耐心	能够耐心等待
干事时全力以赴	处事漫不经心
同时想干很多事	在一段时间里只干一件事情
讲话喜欢用加强语气，甚至敲桌子	讲话语速缓慢、不慌不忙
做了好事希望能得到别人的认可	只要自己满意即可，不管别人怎样想
吃饭、走路都很快	做事情很慢
不善与人相处	为人随和
容易暴露自己的感情	能控制自己的感情
具有广泛的兴趣	没什么业余爱好
雄心壮志	满足于目前的工作和学习状况

确立良好自我概念

自我概念是指个体对自己身体、思想和情感的主观整体评价，它由许多自我认识组成，包括我是什么人、我主张什么和我喜欢什么等。

坚持体育锻炼，可以使锻炼者体格强健、精力充沛、提高驾驭身体的能力，从而改善对自身的满意程度，确立良好的自我概念。

改变睡眠模式

根据脑电图的显示，人的睡眠可以分为两种状态，即慢波睡眠状态和快波睡眠状态。前者为浅度睡眠状态，后者为深度睡眠状态。一夜之间两种睡眠状态会交替发生 4～5 次。

有规律的体育锻炼不仅对慢波睡眠有促进作用，而且能缩短入眠的潜伏期，并延长睡眠的时间。

改善认知能力

体育锻炼还能改善人的认知过程，避免反应时间过长、注意力不集中和思维混乱等症状的发生，尤其对老年人的认知能力改善效果更为明显。

增加心理治疗效应

体育锻炼被公认为是一种心理治疗的好方法。目前人群中常见的心理疾患是抑郁症和焦虑症。研究发现，体育锻炼是治疗抑郁症的有效手段之一，抑郁症患者经过有规律的体育锻炼，抑郁症状能明显减轻。

体育锻炼还具有治疗焦虑症的作用，通过有规律的体育锻炼，可以使锻炼者的焦虑症状明显改善。

第三节
运动保护

在运动过程中，人体机能会随时发生变化。因此，应针对这种机能变化的特点来进行体育锻炼，也就是我们所说的运动保护。运动保护一般包括运动前准备、运动后放松和自我养护三个方面。

 运动前准备

准备活动是指在正式运动之前进行的有目的的身体练习。做好充分的准备活动，可以缩短机体进入最佳状态的时间，同时还可以预防运动损伤的发生，为机体发挥最大的工作效率做好功能上的准备。

准备活动的作用

提高中枢神经系统兴奋状态

（1）使大脑反应速度加快，参加活动的运动中枢神经相互协调。

（2）为正式运动时生理机能达到适宜程度提前做好准备。

提高机体代谢水平

（1）准备活动可以使锻炼者体温升高，降低肌肉黏滞性，使肌肉的伸展性、柔韧性和弹性增强，从而有效预防运动损伤的发生。

（2）准备活动可以增强体内代谢酶的活性，使物质代谢水平提高，以保证运动时有较充分的能量供应。

克服内脏器官生理惰性

（1）准备活动可以提高心血管系统和呼吸系统的机能水平，使肺通气量及心血输出量增加。

（2）可以使心肌和骨骼肌的毛细血管扩张，使其工作肌获得更多的氧，从而克服内脏器官的生理惰性，使之尽快达到最佳状态。

❄ 增加皮肤毛细血管血流量

准备活动可以使皮肤毛细血管的血流量增加，运动后毛细血管扩张，有利于散热，降低体温，有效防止开始正式活动时由于体温过高而影响运动能力。

▼ 准备活动要求

❄ 准备活动时间

（1）准备活动的时间可以根据运动项目的具体情况确定，一般以10～30分钟为宜。

（2）准备活动与正式运动的间隔时间，一般以不超过15分钟为宜，可以在做完准备活动后立刻进行正式运动。

❄ 准备活动强度

（1）准备活动的强度和量应较正式运动小，以免引起不必要的疲劳。

（2）准备活动的量可以由心率来决定，心率以100～120次／分为宜。

▼ 准备活动内容

❄ 一般性准备活动

一般性准备活动的内容多以伸展运动开始，然后进行一般性的跑步、徒手体操等活动。

下面介绍一套常用的一般性准备活动操，供锻炼者运动前使用。这套活动操主要包括头部运动、肩部运动、扩胸运动、体侧运动、体转运动、髋部运动和踢腿运动等。

图 2-3-1

头部运动

头部运动的动作方法（见图 2-3-1）：两手叉腰，两脚左右开立，做头部向前、向后、向左、向右，以及绕环运动。

肩部运动

肩部运动的动作方法（见图 2-3-2）：手扶肩部，屈臂向前、向后绕环，以及直臂绕环。

扩胸运动

扩胸运动的动作方法（见图 2-3-3）：屈臂向后振动及直臂向后振动。

体侧运动

体侧运动的动作方法（见图 2-3-4）：两脚左右开立，一手叉腰，另一臂上举，并随上体向对侧振动。

体转运动

体转运动的动作方法（见图 2-3-5）：两脚左右开立，两臂体前屈，身体向左、向右有节奏地扭转。

髋部运动

髋部运动的动作方法（见图 2-3-6）：两脚左右开立，两手叉腰，髋关节放松，向左、向右 360 度旋转。

图 2-3-2

图 2-3-3

踢腿运动

踢腿运动的动作方法（见图 2-3-7）：两臂上举后振，同时一腿向后半步，重心置于前腿，两臂下摆后振，同时向前上方踢腿。

图 2-3-4

图 2-3-5

图 2-3-6

图 2-3-7

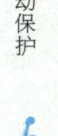

❋ 专门性准备活动

专门性准备活动的动作方法、节奏和强度等与正式锻炼相似，目的是使人体主要肌群在运动前得到动员，为正式锻炼做好准备。

运动后放松

运动后放松是指运动之后所进行的一些能够加速机体功能恢复的、较轻松的身体活动。与运动前准备活动相反，其目的是使锻炼者的生理机能水平逐步得到恢复。

放松方法

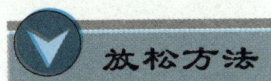

❋ 运动性手段

（1）运动结束后，锻炼者可采用变换运动部位的方法来消除疲劳，如上肢出现疲劳时可做一些慢跑运动，下肢出现疲劳时可做一些上肢运动。

（2）转换运动类型也是一种不错的放松方法，如打羽毛球出现疲劳时，可从事瑜伽运动来达到放松的目的。

（3）还可以用调整运动强度的方法来缓解疲劳，如可以在放松过程中，采用小强度的轻微运动方法等。

❋ 整理活动　见图 2—3—8

（1）整理活动是指运动后所做的一些能够加速机体功能恢复的身体活动，如剧烈运动后进行 3～5 分钟慢跑或其他整理活动，使身体机能得以恢复。

（2）剧烈运动后如不做整理活动而骤然停止动作，会影响氧气的补充和静脉血的回流，使机体血压降低，引起不良反应。

图 2-3-8

注意事项

（1）在进行整理活动时动作应缓慢、放松，运动量不要过大，否则会引起新的疲劳。

（2）在进行整理活动时，应当保持心情舒畅、精神愉快。

锻炼后，锻炼者感觉身体疲劳是一种正常的生理现象，是体育锻炼过程中的正常反应，随着体育锻炼时间的延长，疲劳症状会自然消失。运动性疲劳出现后，锻炼者如果采用一些自我养护措施，可以加速身体机能的恢复，尽快消除疲劳，提高锻炼效果。常见的自我养护方法主要包括运动后休息、合理营养和物理手段等三种。

运动后休息

静止性休息 见图 2-3-9

（1）静止性休息是指锻炼者运动后保持机体相对的静止状态，以促进身体机能的恢复，尽快消除疲劳。

（2）静止性休息的最佳方式之一是睡眠，特别是刚开始从事锻炼者，身体不适应或疲劳症状明显时，更应该保证足够的睡眠，否则，锻炼者虽然积极参加了体育锻炼，但收效甚微，甚至会导致过度疲劳症状的发生。

（3）静止性休息更适合于消除全身运动导致的整体疲劳症状。

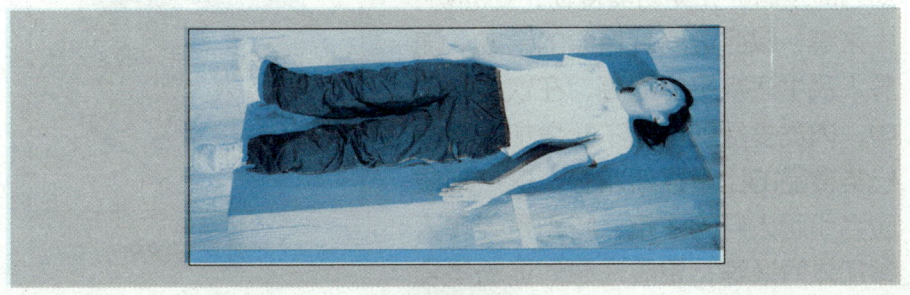

图 2-3-9

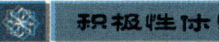 见图 2-3-10

（1）积极性休息更适合由于少量肌肉群参与工作而导致的局部疲劳，或运动强度较大而导致的快速疲劳。

（2）积极性休息可以加速血液循环，有利于代谢物排出体外，对促进身体机能的恢复具有明显的效果。

图 2-3-10

 合理营养　见图 2-3-11

图 2-3-11

小强度、长时间的运动形式，主要是靠糖原的有氧代谢提供能量。运动后应及时补充淀粉类食物，如面粉、大米等，以促进消耗糖原的合成。随着人民生活水平的提高，在饮食结构中，肉类食品的比重不断增加，而淀粉类食品的比重逐渐减少，这一现象应当引起人们的注意，特别是老年人参加体育锻炼，更应注意对淀粉类食物的补充。

强度较大、时间又相对较长的运动形式，主要是靠糖原的无氧代谢提供能量。这样，糖原无氧代谢产物——乳酸便会在体内大量堆积。因此，运动后应多补充蔬菜、水果等碱性食品，以加速乳酸的清除，达到尽快消除疲劳的目的。

 物理手段

 按摩及牵拉　见图 2-3-12

（1）通过刺激神经末梢、皮肤结缔组织和毛细血管的按摩方法，可以使紧张的肌肉得以放松，从而改善局部组织和全身的血液循环，达到促进身体机能恢复的目的，这种方法可以在锻炼后马上进行。

（2）此外，还可以采取缓慢牵拉肌肉的方法，使收缩的肌肉得到充分的伸展放松。

水疗及电疗

（1）水疗包括芬兰式蒸汽浴、热水浴和桑拿浴等多种形式，主要作用是通过提高体温，促进血液循环，清除代谢物，以达到尽快消除疲劳、恢复体力的目的。

（2）水疗的时间一般以不超过 30 分钟为宜，如果时间过长，会进一步消耗体力，严重时甚至会出现暂时性脑缺血现象。

　（3）如果条件允许，还可对疲劳的肌肉进行低频治疗。低频治疗仪的原理是模拟针灸疗法，使用时将电极用不干胶对称地粘贴在运动部位表皮上。这种疗法可以促进局部血液循环，改善组织代谢，缓解肌肉酸痛，消除疲劳。

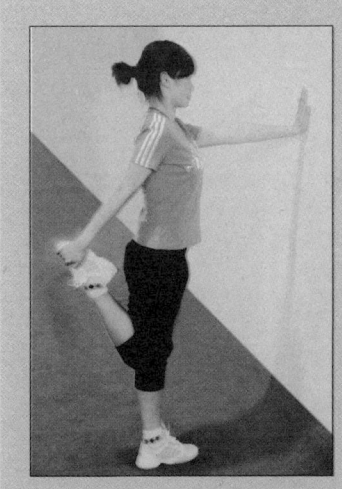

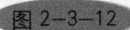

图 2-3-12

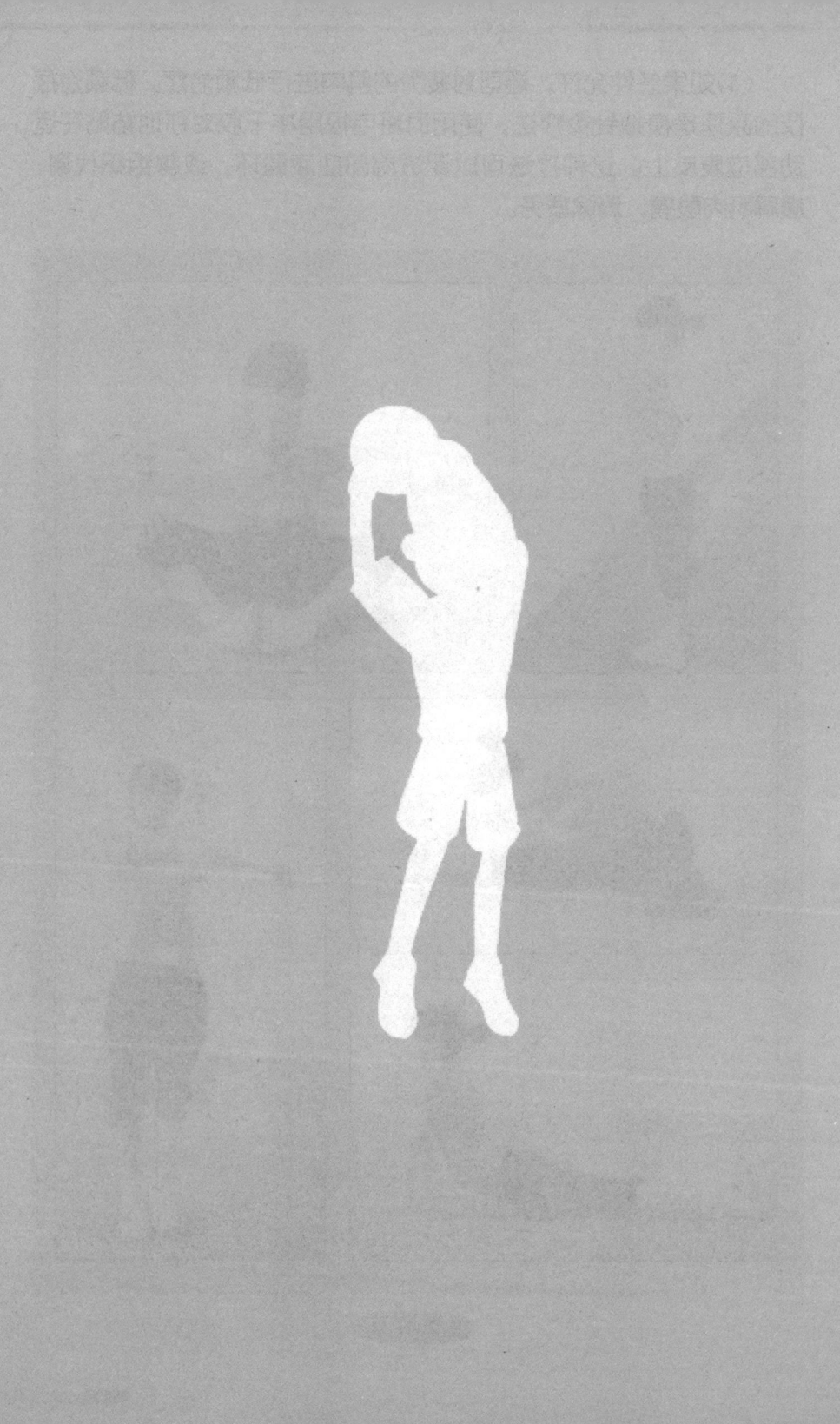

第三章 基本技术

　　沙滩排球的基本技术是初学者必须要掌握的基础知识，它是打好沙滩排球的前提，也是评价一名选手水平高低的标准之一。无论是沙滩排球爱好者还是专业选手，都应该扎实地练好基本技术。只有基本技术过硬，才能更有效地组织各项战术配合。基本技术包括准备姿势与移动、发球、垫球、传球、扣球和拦网等。

第一节

准备姿势与移动

准备姿势与移动是排球基本技术的内容之一,也是沙滩排球的基本技术,又称为无球技术。对于初学者来说,正确的准备姿势与移动是打下坚实基本功的前提。同时,比赛中运用最多的、影响技术效果最大的也是准备姿势与移动。

 准备姿势 ◆◆◆◆◆◆◆◆◆◆

准备姿势是在为了起动、移动和击球之前而采用的身体姿势和技术动作,包括略蹲、半蹲和低蹲等。

▼ 略蹲

✿ **动作方法** 见图3-1-1

(1)两脚左右开立,与肩同宽,一脚略前,两膝略屈,身体重心位于两脚之间;

(2)后脚跟略提起,上体略前倾,身体重心略靠近前脚,两臂放松,自然弯曲置于腹前;

(3)目视来球,并兼顾场上各种情况,两脚保持微动状态。

✿ **技术要点**

(1)保持稳定的身体重心,以便向各个方向移动;

(2)身体要保持微动状态,防止"站死"现象;

(3)抬头注意观察场上情况,以

图3-1-1

便及时采取行动。

 错误纠正

练习时易出现身体重心不稳、身体后仰等问题。因此,应多结合正面上手传球、正面扣球技术进行练习,体会动作要领,以培养正确的准备姿势。

🏵 伤害预防

为减少对腰部和踝关节的伤害,练习该动作时,应尽量保持身体重心的稳定。

半蹲

🏵 动作方法 见图3-1-2

(1)两脚略分,前后或平行开立,略比肩宽,脚尖朝前或适当内收,脚跟略提起;

(2)膝关节保持一定的弯曲,膝部的投影线落在脚尖前面;

(3)上体前倾,重心靠前,重心落在脚前掌上;

(4)两臂放松,两肘自然弯曲并下垂,两手置于腹前;

(5)目视来球,全身微动,保持待发的状态。

图3-1-2

🏵 技术要点

(1)脚跟略提起,膝关节保持一定弯曲,便于向各个方向及时蹬地起动;

(2)上体前倾,有利于向前或侧前方移动;

(3)两臂置于胸腹之间,有利于移动时的摆臂和随时伸臂做各

种击球动作；

（4）肌肉保持适度紧张，比肌肉放松和过度紧张更有利于起动；

（5）两脚保持微动，使神经系统处于适当的兴奋状态，有助于肌肉的快速收缩和克服静止的惯性；

（6）不同队员根据防守位置的不同，其准备姿势、两脚站立方法也有所不同，左半场区应左脚在前，身体略右转，右半场区应使右脚在前，身体略左转。

❉ 错误纠正

练习时易出现身体僵硬、身体后仰等问题。因此，应多结合正面上手传球、正面扣球技术进行练习，体会动作要领，以培养正确的准备姿势。

❉ 伤害预防

为减少对腰部和踝关节的伤害，练习该动作时，应注意保持膝关节内扣。

 **低蹲**

❉ 动作方法 见图 3-1-3

（1）降低身体重心，两脚略有前后，左右距离超过肩宽；

（2）身体重心靠前，肩部垂直线超过膝部，膝部垂直线超过脚尖；

（3）两膝内扣，两脚前部内侧蹬地，含胸、收腹、抬头，两手置于胸腹之间；

（4）身体微动，保持微动平衡状态。

❉ 技术要点

（1）身体重心低而靠前，屈膝程度大，肩部投影超过膝部，膝部

图 3-1-3

投影超脚尖；

（2）膝关节内扣，身体支点置于两脚前部内侧；

（3）含胸收腹，两手置于胸腹之间，便于接弧度低、速度快的球。

错误纠正

练习时易出现臀部后坐、身体重心高等问题。因此，应多结合各种移动脚步练习和防吊球练习，体会动作要领，以培养正确的准备姿势。

伤害预防

为减少腰部、下肢和踝关节的过度疲劳和伤害，练习该动作时，应选择体力最充沛的时段，并合理控制练习时间。

移动

移动在沙滩排球比赛中的运用是极其广泛的，每一个技术动作的衔接，以及到防守下一个动作的过渡，都要用到移动技术。移动包括并步与滑步、跨步与跨跳步、交叉步和跑步等。

并步与滑步

动作方法　见图3—1—4

（1）以向左并步为例，右脚先蹬地，左脚向左跨出一步，右脚迅速跟上，做好击球前准备姿势；

（2）向体侧连续快速做两次以上的并步为滑步。

技术要点

身体重心保持平稳，前脚制动要及时。

错误纠正

练习时易出现先抬腿、后移动身体重心等问题。因此，应慢动作进行练习，体会动作要领。

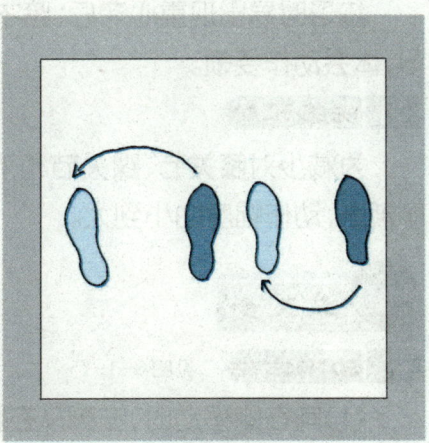

图 3—1—4

伤害预防

为减少对下肢肌群的伤害,练习该动作时,应注意协调用力。

跨步与跨跳步

动作方法 见图3-1-5

(1)跨步时,一腿用力蹬地,另一腿向来球方向跨出一大步,膝部弯曲,上体前倾,身体重心移至跨出腿上;

(2)跨跳步比跨步多一个身体腾空动作。

图3-1-5

技术要点

(1)蹬地有力;

(2)破坏平衡;

(3)重心前移。

错误纠正

练习时易出现重心滞后、跨不出去等问题。因此,应多进行跨步练习,体会动作要领。

伤害预防

为减少对膝关节、踝关节和下肢肌群的伤害,练习该动作时,应循序渐进,动作幅度由小到大。

交叉步

动作方法 见图3-1-6

(1)向右侧移动时,左脚从右脚前面向右交叉迈出一步;

(2)右脚再向右侧跨出一大步,同时身体转向接球方,保持击球前的姿势。

技术要点

(1)身体和右脚尖的转向应保持一致,便于左脚交叉和右腿蹬地发力；

（2）在移动中，要保持身体重心。

❋ 错误纠正

练习时易出现身体重心起伏大、制动不好等问题。因此，应多进行交叉步练习，体会动作要领。

❋ 伤害预防

为减少对膝关节、踝关节和下肢肌群的伤害，练习该动作时，应循序渐进，动作幅度由小到大。

图 3-1-6

 跑步

动作方法 见图 3—1—7

（1）起动后第一步和第二步要适当小些，然后再逐渐加大步幅、加快频率；

（2）两臂配合摆动，如果球在侧方或者后方，则应边转身观察边跑。

技术要点

（1）保持身体重心稳定，并不断降低身体重心；

（2）跑步时两臂要配合摆动。

错误纠正

练习时易出现跑步后制动不及时等问题。因此，应多进行变向跑练习，体会动作要领。

伤害预防

为减少对膝关节、踝关节和下肢肌群的伤害，练习该动作时，应循序渐进，动作幅度由小到大。

图 3—1—7

第二节
发球

　　发球是比赛的开始,也是进攻的开始。通过发球,可以直接得分或破坏对方的战术组成,起到先发制人的作用。发球的攻击性强,可以鼓舞士气,振奋精神,挫伤对方的锐气,打乱对方的进攻战术和节奏,在心理上给对方造成压力,同时也可以变被动为主动,为组织再次进攻创造有利的条件。因此,发球时,应充分利用天气的自然变化,如阳光、顺风、逆风等条件,发出各种性能的球,给对方造成接球的困难。发球包括跳发球、正面下手发球、正面上手发球、正面上手发飘球、勾手大力发上旋球、侧面下手发球、侧面上手发飘球、正面上手发旋转球和高吊发球等。

跳发球

　　跳发球的攻击性强,在高水平的沙滩排球比赛中被广泛采用。它可以利用助跑跳起在空中击球,使击球点升高,利用身体的伸展,充分发力,加快发球的速度,增强发球的力量,给对方接发球造成威胁。跳发球的技术难度和体力消耗较大,在比赛中应根据队员的体力和比赛的进展适时采用。

动作方法 见图 3-2-1

　　以右手击球为例:

　　(1)面对球网,在发球区距端线 3～4 米处站立,右手抛球到右肩前上方约 2 米高处,远度视本人上步距离而定;

　　(2)右手挥臂,用扣球时的两步助跑起跳,鞭打动作似正面上手发球,击球点在球的后中下部;

　　(3)击球后,屈膝缓冲,两脚落地,保持身体平衡,迅速进场。

技术要点

(1)助跑可根据个人的情况采用一步、两步或多步的方法；

(2)抛球与助跑起跳动作要协调、有节奏；

(3)挥臂画弧动作要充分,全掌包球,推压稳。

错误纠正

练习时易出现抛球不稳、抛球与起跳配合不当等问题。因此,应多进行抛球与助跑结合练习,体会动作要领。

伤害预防

为减少对膝部和踝关节的伤害,练习该动作时,应注意助跑起跳用力和落地后的缓冲。

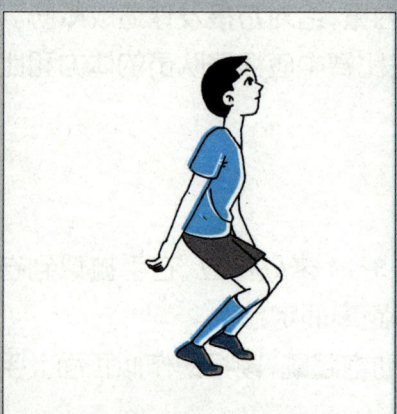

图 3-2-1

正面下手发球

正面下手发球是队员面对球网,手臂由后下方向前摆动,在体前腹部高度击球过网的发球方法。

动作方法 见图 3-2-2

以右手击球为例:

(1)面对球网,两脚前后开立,左脚在前,两膝略屈,上体略前倾,重心偏右脚,左手持球于腹前;

(2)左手将球轻轻抛起在体前右侧,抛球高度约为 20 厘米,在抛球之前右臂伸直,以肩关节为轴向后摆动;

(3)击球时右脚蹬地,身体重心随着右手向前摆动击球而移至前脚,在腹前用掌根或虎口击球的后下方,随着击球动作重心前移。

技术要点

(1)抛球与后引手臂动作要协调,球不宜抛高;

(2)摆臂以肩关节为轴,由后向前垂直于地面直臂摆动,控制好摆臂的用力方向。

错误纠正

练习时易出现抛球不稳、击球不准、手法不正确等问题。因此,应多进行徒手练习和有球分解练习,掌握后再进行整体的技术练习。

伤害预防

为防止出现手臂肌肉酸痛,掌根、虎口肿胀,应做好上肢准备活动,待热身后再进行练习。练习时,应循序渐进,不要盲目加大发球力量;练习后,要做好放松,热敷手臂。

图 3-2-2

 正面上手发球

正面上手发球是发球队员面对球网,利用转体收腹动作带动手臂加速挥动,在头部右前上方最高点,用全手掌击球过网的一种发球方法。

动作方法 见图 3-2-3

以右手击球为例:

(1)面对球网,两脚前后自然开立,左脚在前,左手托球于身前,用抬臂和手掌的力平托上送,将球平稳地垂直抛于右肩前上方,高度适中;

(2)在左手抛球的同时,右臂抬起,屈肘后引,肘与肩平,上体略向右转;

(3)击球时,利用蹬地、转体和收腹带动手臂挥动,在右肩前上方伸直手臂的最高点,以全手掌击球的中下部;

(4)击球时,手指自然张开迎球,手腕迅速做推压动作,使击出的球呈上旋飞行。

技术要点

（1）注意使球的重心不旋转地飞出去；

（2）击球的手指、手腕紧张，出手速度要快。

错误纠正

练习时易出现抛球不稳、掌根击球、前臂僵硬等问题。因此，应多进行徒手挥臂练习和有球分解练习，掌握后再进行整体的技术练习。

伤害预防

为减少对肩关节、肘关节、肩部和臂部等肌群的伤害，运动前准备活动要充分，经常进行伸展性练习和肌肉力量练习，改善关节功能和肌肉力量，掌握正确的技术动作，用力协调，练习要循序渐进，运动后认真做好养护、放松活动。

发球

图 3—2—3

正面上手发飘球

正面上手发飘球是指发球队员面对球网站立,采用正面发球的方式,使发出的球不旋转、飘晃飞行过网的一种发球方法。其特点是球的飞行轨迹不固定,飘晃过网,易造成对方接发球判断失误,具有较强的攻击性。

❋ 动作方法　见图3-2-4

以右手击球为例:

(1)面对球网,两脚自然开立,左脚在前,左手托球于身前;

(2)抛球时抬臂,手掌平托上送,将球平稳抛于右肩前上方,高度适中;

(3)在左手抛球的同时,右臂抬起,屈肘后引,与肩平行,手掌自然张开,同时抬头、挺胸、展腹,身体重心移向左脚,然后蹬地,上体向左转动;

(4)收腹,带动手臂挥动,做甩鞭动作,以腰带动肩,肩带动上臂,上臂带动前臂,前臂带动手腕;

(5)在手臂伸直的最高点,以全手掌击球,各手指自然张开吻合球,手腕迅速推压,使球旋转飞行。

❋ 技术要点

抛球垂直,引臂时抬后肘,注意蹬地。

❋ 错误纠正

练习时易出现击球不准、作用力不能通过球体重心等问题。因此,应多进行挥臂击球练习,体会动作要领。

❋ 伤害预防

为减少对肩部、肘部和腕部的伤害,运动前应充分做好准备活动,掌握正确的技术动作,用力协调,循序渐进,防止出现疲劳性损伤。

图 3-2-4

 勾手大力发上旋球

勾手大力发上旋球是指发球队员侧对网站立，利用蹬地转体，手臂由体侧下方经头前上方，做轮摆式发球。

动作方法 见图 3-2-5

以右手击球为例：

（1）身体侧对球网，两脚自然分开站立，两膝弯曲，上体前倾，持球部位在胸前；

（2）向左肩上方抛球，与手距离约为 1 米，上体顺势向右倾斜，身体重心移向右脚，右臂向身体右侧后下方摆动，目视球；

（3）击球时利用右脚蹬地和转体的动作发力，带动右臂做直臂弧形向上挥摆，同时身体重心移至左脚，手腕、手掌用力推压球，使球产生上旋力。

技术要点

(1)抛球平稳,高度以1米为宜;

(2)蹬腿转体带动手臂幅度要大,弧形轮臂加速度要快;

(3)高点击球,手腕推压。

错误纠正

练习时易出现抛球不稳、全身用力不协调、击球位置不稳定等问题。因此,应多进行徒手挥臂练习和有球分解练习,掌握后再进行整体的技术练习。

伤害预防

为减少对腰椎和肩关节的伤害,运动前应做好腰部、肩部、肩带肌群的热身活动,经常进行腰部和背肌的伸展性练习和肌肉力量训练,练习时应循序渐进,不要盲目用力。

图 3-2-5

侧面下手发球

　　侧面下手发球是指发球队员侧对球网站立，以转体带动手臂，由体侧后下方向前挥摆，在体前腹部高度击球过网的发球方法。

动作方法　　见图 3-2-6

　　以右手击球为例：

　　(1)左肩对网，两脚左右分开站立，与肩同宽，两膝略屈，重心落在两脚之间，上体略前倾，左手持球于腹前；

（2）左手将球垂直上抛在身体正前方，离胸前约一臂，离手高度约一个半球，抛球同时击球手臂摆至右侧后下方；

（3）利用右脚蹬地向左转体的力量，带动右臂向前上方摆动，在体前腹部高度用全掌、虎口或掌根击球后下方。

❀ 技术要点

（1）抛球距身体一臂远，离手高度约 30 厘米；

（2）击球点在球的后下方；

（3）用掌根或虎口击球。

❀ 错误纠正

练习时易出现抛球不稳、击球不准、手法不对等问题。因此，应多进行徒手挥臂练习和有球分解练习，掌握后再进行整体的技术练习。

❀ 伤害预防

为减少对击球手臂和击球部位肌肉的伤害，应做好准备活动，待热身后再进行练习。练习时，应循序渐进，不要盲目加大发球力量。练习后，要做好放松，用毛巾热敷手臂。

发球

图 3—2—6

侧面上手发飘球

侧面上手发飘球是指发球队员侧对球网站立，利用勾手的形式，使发出的球不旋转、不规则地飘晃飞行过网的一种发球方法。

动作方法 见图 3—2—7

以右手击球为例：

（1）左肩对球网，两脚平行自然开立，左手持球于胸前；

（2）将球向左肩前上方平稳地抛起，利用蹬地、转体发力；

（3）击球臂快速击球，击球点在肩上方，用半握拳的拳根部位击球的中下部。

技术要点

抛球垂直，引臂时抬后肘，注意蹬地。

错误纠正

练习时易出现击球不准、作用力不能通过球体重心等问题。因此，应多进行挥臂击球练习，体会动作要领。

伤害预防

为减少对肩部、肘部和腕部的伤害，运动前应充分做好准备活动，掌握正确的技术动作，用力协调，循序渐进，防止出现疲劳性损伤。

图 3-2-7

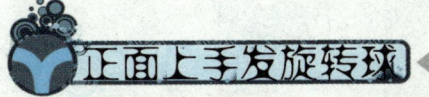

正面上手发旋转球

正面上手发旋转球是通过力量和速度来体现的,以球的力量和速度相结合的旋转性能去加强发球的攻击性。

动作方法 见图 3-2-8

（1）面对球网,两脚前后站立,左手托球于胸前;

（2）将球向右肩前上方垂直平稳抛起，高度适中，击球臂屈肘后引抬起，上体略向右侧转动；

（3）击球时，利用上体向左转动，同时收腹，带动手臂迅速挥动击球，击球点在右肩前上方、手伸直的最高点；

（4）用全手掌击球的中后部，同时手腕迅速向前推压，使击出的球上旋飞行。

❀ 技术要点

抛球方位要准，挥臂击球迅速有力，全手掌击球后中部，并伴随有向前推压动作，使球上旋飞行。

❀ 错误纠正

练习时易出现抛球方位不准、击球速度不够等问题。因此，应多做抛球练习，掌握抛球方位，抛球时加大挥臂的力量。

❀ 伤害预防

为减少对击球手臂和击球部位肌肉的伤害，应做好准备活动，待热身后再进行练习。

图 3-2-8

高吊发球 ◆◆◆◆◆◆◆◆◆◆◆◆

　　沙滩排球在室外进行,适宜高吊发球,即用力向高空击球,并通过击球使球发生旋转,造成对方接发球判断困难。

动作方法 见图 3-2-9

　　以右手击球为例:

　　(1)右脚在前,左脚在后,上体略前倾;

　　(2)低抛球,当球落至腰腹前时,右臂从后向前朝球体后方偏左部位迅速挥击,伴有屈肘动作,虎口击球,使球在旋转中向高空上升。

✿ 技术要点

挥臂要快，用力突然加大，击球部位要准。击球时手腕有向外翻动的提拉动作。

✿ 错误纠正

练习时易出现挥臂速度不够快、力量不够大等问题。因此，应多做练习，增加挥球手臂的力量。

✿ 伤害预防

为减少对击球手臂和击球部位肌肉的伤害，应做好准备活动，待热身后再进行练习。

图 3-2-9

垫球

垫球是沙滩排球运动中运用最广泛的技术,指用前臂和手的坚硬部位击球,控制范围大,运用较为灵活。因为在比赛中,每队只有 2 名队员参加,所以一传的到位率相对较低。接二次球的传球队员在来不及采用上手传球时,常用垫球来二传,也称为垫二传。垫二传技术在沙滩排球比赛中运用比较广泛。垫球包括垫球手形、正面双手垫球、体侧垫球、背垫球、单手垫球、前扑垫球、跨步垫球、低姿垫球和鱼跃垫球等。

垫球手形

垫球手形包括叠指式、抱拳式和互靠式等。

叠指式　见图3-3-1

（1）两手掌根相靠,手指重叠;

（2）两拇指平行前伸,手腕自然下压。

✿ 技术要点

手臂放松,动作到位。

✿ 错误纠正

练习时易出现手臂僵硬、手形错误等问题。因此,应多加练习,体会动作要领。

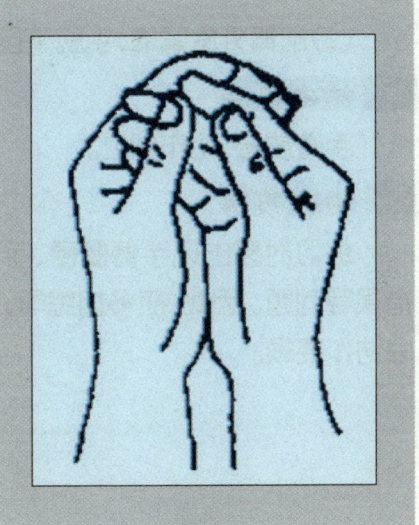

图3-3-1

 抱拳式　见图3—3—2

（1）两拇指平行向前，两手抱拳互握；

（2）前臂外旋紧靠，手腕下压，使前臂形成一个垫击平面。

技术要点

手臂放松，动作到位。

错误纠正

练习时易出现手臂僵硬、手形错误等问题。因此，应多加练习，体会动作要领。

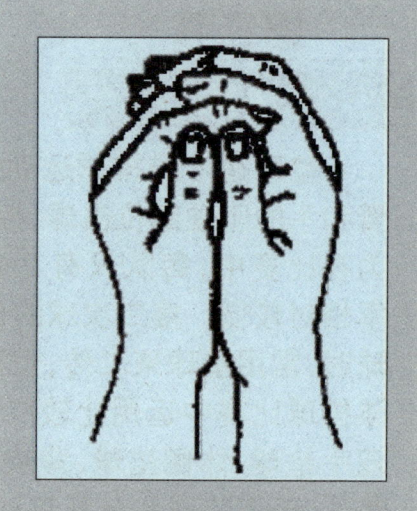

图3—3—2

 互靠式　见图3—3—3

（1）两手腕紧靠，两臂自然放松；

（2）前臂外旋紧靠，手腕下压。

技术要点

手臂放松，动作到位。

错误纠正

练习时易出现手臂僵硬、手形错误等问题。因此，应多加练习，体会动作要领。

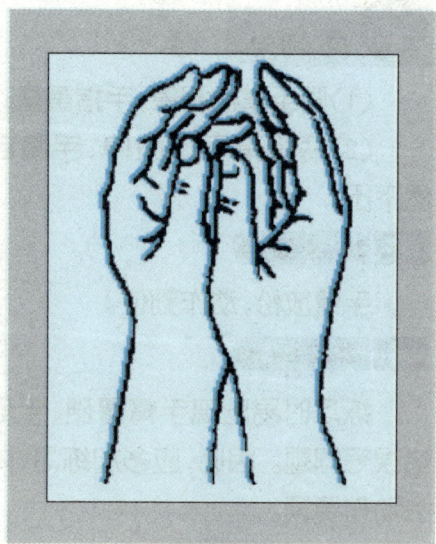

图3—3—3

基本技术

正面双手垫球

正面双手垫球是使用两手在腹前垫击来球的一种垫球方法,是各种垫球方法的基础,也是最基本的垫球方式。腹前击球,垫击面较大,便于控制球,主要适用于各种接发球、接扣球、接拦回球和垫击较低的来球。正面双手垫球包括垫轻球、垫中等力量球和垫重球等。

垫轻球

动作方法 见图3-3-4

(1)垫球适当用力,靠手臂上抬的力量垫击来球;

(2)两臂夹紧前伸,插入球下,向前上方蹬地抬臂,全身动作协调;

(3)击球后身体随重心变化,并有随前动作。

技术要点

(1)击球前身体与手臂形成倾斜的角度,拦击来球;

(2)调整控制好球的方向,向垫击的目标用力。

错误纠正

垫球时易出现触球部位、击球点不准,臀部后坐,全身用力不协调等问题。因此,应多进行诱导性击球练习,体会动作要领。

伤害预防

为减少对手臂的伤害,练习该动作时,应控制垫球的远度和练习时间,以减轻手臂的负担。

图 3-3-4

垫中等力量球

动作方法　见图 3-3-5

（1）来球有一定力量，主要靠来球的反弹力将球垫起；

（2）脚蹬地时迅速跟腰，提肩，两臂夹紧，手腕下压，击球的后下部。

技术要点

（1）击球前身体与手臂形成倾斜的角度，拦击来球；

（2）调整控制好球的方向，向垫击的目标用力。

060

错误纠正

垫球时易出现触球部位、击球点不准,臀部后坐,全身用力不协调等问题。因此,应多进行诱导性击球练习,体会动作要领。

伤害预防

为减少对手臂的伤害,练习该动作时,应控制垫球的远度和练习时间,以减轻手臂的负担。

图 3-3-5

 **垫重球**

动作方法 见图 3-3-6

(1)身体重心降低,两臂放松;

(2)触球瞬间含胸收腹,手臂随来球有意识后撤,缓冲来球力量;

(3)垫出球的方向和角度由手臂和手腕动作控制。

技术要点

(1)击球前身体与手臂形成倾斜的角度,拦击来球;

(2)调整控制好球的方向,向垫击的目标用力。

错误纠正

垫球时易出现触球部位、击球点不准,臀部后坐,全身用力不协调等问题。因此,应多进行诱导性击球练习,体会动作要领。

伤害预防

为减少对手臂的伤害,练习该动作时,应控制垫球的远度和练习时间,以减轻手臂的负担。

图 3-3-6

 **体侧垫球**

在身体侧面用两手垫球为体侧垫球。特点是控制面宽,但较难把握垫击球的方向、弧度和落点,通常用于球在体侧来不及正面垫球时。

动作方法 见图 3-3-7

(1)当来球向接球队员的左侧飞来时,接球队员的左脚前向左侧跨出一步,重心随即移到左脚,左膝弯曲;

(2)两臂夹紧向左侧伸出,右肩略向下倾斜,用向右转腰和收腹动作,配合两臂自左后方向前截住来球,用两前臂垫击球的后下部;

(3)当来球在体侧较高部位时,两前臂靠拢,向侧方向截击来球;

(4)两臂夹紧,左肩稍上提,右肩稍向下倾斜,腰部转动,配合两臂形成理想的击球反弹面,将球垫起。

技术要点

动作快速,两臂垫击球后下部,左臂高于右臂。

错误纠正

垫球时易出现转体侧跨步不及时,手臂角度不正确,不能形成拦截面等问题。因此,应进行侧垫球的多球练习,强化转体收腹动作,体会动作要领。

伤害预防

为减少对腰部的伤害,在垫球过程中,应注意各关节协调用力,腰部肌群放松。

图 3-3-7

垫球

背垫球

背对出球方向的垫球方法为背垫球,通常是在背对场区时,接队友垫飞的球时采用。特点是垫击点较高,不便于观察目标和控制击球方向与落点。

动作方法 见图3-3-8

(1)判断好球的飞行方向,迅速移动到球的落点处,背对来球方向;

(2)两前臂并拢,迅速插入球的下部,蹬腿、抬头、挺胸、展腹后仰,直臂向后上方垫抬送球。

技术要点

(1)准确判断球的落点,背对出球方向;

(2)两臂夹紧,直接插在球下,直臂向后上方抬送,要有随球动作。

错误纠正

垫球时易出现击球点过低、过前或过后,手臂弯曲或抬臂不够,挺胸、展腹、发力不明显等问题。因此,应做自抛球后向后垫球练习,体会击球点和垫球方向,结合弧度高低不同的球做背垫球练习。

伤害预防

为减少伤害,练习前应做好腹肌、背肌、关节的准备活动,提高关节活动幅度和肌群的适宜兴奋性,同时经常进行背部的伸展性练习。

图 3—3—8

单手垫球常在来球较远、来不及或不便使用双手垫球时使用。

动作方法 见图 3—3—9

　　（1）如果球飞向左侧,则左脚跨出一大步,上体向左倾斜,左臂伸直,自左后方向前摆动,用虎口、掌根和前臂击球的后下部;

　　（2）如过球在体侧远处,用跑步仍来不及时,那么也可侧向跃出,用单手击球。

技术要点

　　注意击球手法,手腕在击球的过程中可起到微调作用。

错误纠正

　　垫球时易出现移动慢、对不正来球、击球点不在两臂之间、两臂用

力不当、身体不协调等问题。因此,应利用固定球进行垫球动作的练习,体会协调用力。

伤害预防

为减少伤害,练习该动作时,应选择体力最充沛的时段,并合理控制练习时间,避免出现下肢疲劳。

图 3-3-9

 **前扑垫球**◆◆◆◆◆◆◆◆◆◆

采用前扑动作垫球的方法叫做前扑垫球。其特点是充分利用身体的长度，速度快，可弥补脚步慢的不足。前扑垫球主要用于防吊球以及垫距离身体低而较远的来球。

动作方法 见图3—3—10

（1）采用深蹲准备姿势，当正面来低球又来不及跨步时，身体迅速降低前倾，两腿用力蹬地，身体、手臂充分伸展，向前扑出，同时两臂或单臂插入球下；

（2）垫球时可采用双手或单手垫球，双手垫球可用前臂、虎口或手背的联合面击球，用翘腕动作将球垫起；击球后两手迅速撑地，两肘顺势弯曲缓冲；

（3）为了扩大防守范围，接距离身体较远的球时，可用单臂向前尽量伸展，用手背、虎口部位击球，击球同时有翘腕动作，击球后用另一只手屈肘，撑地缓冲；

（4）落地缓冲时，胸腹部着地，身体可借助余力滑行。

技术要点

前扑垫球一般按跑步移动后的跨步动作方法，学习时注意跨出腿的继续蹬地动作。

错误纠正

垫球时易出现身体重心高，或身体不能充分伸展等问题。因此，应多进行徒手练习和接低抛球练习，体会动作要领。

伤害预防

为防止身体前扑时擦伤下颌与胸部，练习该动作时，应尽量将头部抬起，同时腿部向上摆动。

墙球

图 3-3-10

 **跨步垫球**

跨步垫球常在球的落点在身体前方或斜前方且低远时使用，包括向前跨步垫球和向侧跨步垫球等。

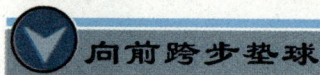 **向前跨步垫球**

动作方法 见图 3-3-11

（1）判断来球后，迅速向来球方向跨出一大步，上体前倾，身体重心降低，落在跨出脚上；

（2）两臂前伸插入球下，用提肩、抬臂动作击球后下部。

技术要点

（1）跨步大，重心下降要快；

（2）上体前倾，手臂要充分伸展，插到球下。

错误纠正

垫球时易出现跨步小、不及时，手臂伸不出去等问题。因此，应多进行徒手跨步和接抛球练习，体会动作要领。

伤害预防

为减少伤害，练习该动作时，应选择体力最充沛的时段，并合理控制练习时间，避免出现下肢疲劳。

图 3—3—11

 向侧跨步垫球

图 3—3—12

动作方法 见图 3—3—12

（1）向斜前方跨步，跨步脚应为跨出方向同侧脚；

（2）两臂前伸，插入球下，用提肩、抬臂动作击球的后下部。

技术要点

（1）跨步大，重心下降要快；

（2）上体前倾，手臂要充分伸展，插到球下。

错误纠正

垫球时易出现跨步小、不及时，手臂伸不出去等问题。因此，应多进行徒手跨步和接抛球练习，体会动作要领。

伤害预防

为减少伤害，练习该动作时，应选择体力最充沛的时段，并合理控制练习时间，避免出现下肢疲劳。

 低姿垫球 ◆◆◆◆◆◆◆◆

低姿垫球常在来球落点在身体附近较低位置时采用,包括低蹲垫球、半跪垫球和全跪垫球等。

 低蹲垫球

✿ 动作方法 见图3—3—13

(1)判断好来球方向,迅速移动到来球位置,身体重心快速下降;

(2)两臂贴近地面插入球下,跨出腿膝部充分弯曲,略外展;

(3)蹬地腿自然弯曲,脚内侧着地。

✿ 技术要点

(1)跨步不要过大,重心下降速度要快;

(2)手臂要充分伸展,紧贴地面插到球下;

(3)击球时要有屈肘、翘腕动作。

✿ 错误纠正

垫球时易出现身体重心高、击球时没有翘腕动作等问题。因此,应多进行徒手练习和接抛球练习,体会动作要领。

✿ 伤害预防

为减少对膝关节的伤害,练习该动作时,应带护膝用具。

图 3-3-13

▼ 半跪垫球

☆ 动作方法 见图 3-3-14

（1）垫球时向来球方向迈出一小步，跨出腿深蹲，膝外展；

（2）后腿以膝部内侧和脚弓内侧着地，取得支撑点。

☆ 技术要点

半跪垫球常在来球较低，速度较快，落点在体前或斜前方约 1 米时采用。

☆ 错误纠正

垫球时易出现身体重心高、击球时没有翘腕动作等问题。因此，应多进行徒手练习和接抛球练习，体会动作要领。

☆ 伤害预防

为减少对膝关节的伤害，练习该动作时，应带护膝用具。

图 3—3—14

全跪垫球

动作方法 见图 3—3—15

（1）面对来球快速起动，随身体重心前移之势，用两膝内侧跪地，以膝部、小腿和脚弓内侧部位支撑地面，跪地后可顺势向前滑动；

（2）击球时上体前倾，两臂迅速插入球下。

技术要点

全跪垫球常在身体重心向前下方快速移动，来不及制动和向前跨步时采用。

错误纠正

垫球时易出现身体重心高、击球时没有翘腕动作等问题。因此，应多进行徒手练习和接抛球练习，体会动作要领。

伤害预防

为减少对膝关节的伤害，练习该动作时，应带护膝用具。

图 3-3-15

 鱼跃垫球

模仿鱼跃出水面,在空中完成击球的动作叫做鱼跃垫球。通常在来球低而远时采用,特别是防对方扣球突然改为吊球时。其特点是跃得远,防守范围大,动作难度大,但不易控制击球目标。

动作方法 见图 3-3-16

(1)准备姿势要低,上体前倾,重心靠前,原地跃出,有时在移动1～2 步后跃出,身体腾空后要呈反弓形;

(2)击球后,两手撑地,胸、腹、大腿依次着地。

技术要点

(1)蹬地力量大,蹬地角度小;

(2)空中身体呈反弓形,手臂充分伸展击球;

(3)胸、腹依次着地滑行。

错误纠正

垫球时易出现心理上恐惧、动作僵硬、蹬地不充分、击球手不能充分伸展、击球后脚先着地或手脚同时落地等问题。因此,应分解动作或在指导人员保护下进行练习,体会动作要领。

伤害预防

为减少对下颌、膝盖以及上肢、胸腹部的伤害,练习该动作时,应循序渐进,切不可急于求成。

图 3-3-16

第四节
传球

　　传球技术在沙滩排球比赛中主要用于二传。二传是指队员将接起来或防守的球传给队友扣球，为进攻创造条件的传球。好的二传能够弥补一传的不足，给队友创造有利的进攻条件，充分发挥扣球水平。传球包括正面上手传球、背传、侧传和跳传等。

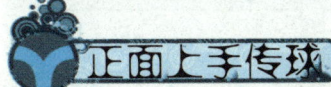

正面上手传球

　　正面上手传球常在正前方来球，特别是球速较慢、轨迹偏高时采用。

动作方法　见图 3-4-1

　　(1)上体略挺起，仰头目视来球，两手自然抬起，屈肘并适当分开放松，置于面前，看清楚来球后，迅速移动到球的落点处，调整身体，面对传球方向；

　　(2)击球前的瞬间，两手自然张开呈半球形；触球时，手形与球吻合，即手腕略后仰，两拇指相对，接近"一"字形，以拇指内侧、食指全部和中指的二指节、三指节触球的后下部，无名指和小指在球两侧辅助控制球的方向，手指、手腕保持适当紧张；

　　(3)当球接近额前时，两前臂随球向下缓冲，前臂与上臂夹角小于90度；触球时，蹬地、伸膝、伸臂，用手指、手腕的弹力，将球向前上方传出。

技术要点

　　(1)进攻性传球时，特别要调整好身体正对传球方向，使传球的轨迹垂直于两肩的连线，以免造成进攻性击球犯规；

　　(2)拇指相对呈"一"字形或"八"字形传球，使手形与球体吻合，触球面积比较大，容易控制球，增加传球的准确性，同时由于触球面积大，有利于缓冲来球力量；

（3）击球点在额前上方一球距离处，便于观察来球和传球目标，有利于控制传球的准确性，同时有利于伸臂击球。

错误纠正

传球时易出现手形错误、击球点低、指腕僵硬、用力不协调等问题。因此，应多进行徒手模仿、自抛自传、对墙自传等练习，体会动作要领，逐渐形成动作定型。

伤害预防

为防止传球时挫伤手指，应在动作中注意手指的缓冲。

图 3—4—1

背传

背对传球目标的传球称为背传。背传在本场区可作二传，打出二人配合的战术球；在近网区，背传也可用于进攻，运用二传球背传出与两肩延长线垂直的突然吊球。

动作方法　见图3—4—2

（1）对准传球目标，上体略直；

（2）手指、手腕放松，手臂向后上方伸送。

技术要点

（1）背传前要移动到球下，调整好身体，背部正对传球方向；

（2）注意身体的蹬伸与手臂向后上方传球的角度，控制住球的重心。

错误纠正

传球时易出现击球点过前或过后，不会后仰、展胸、翻腕，大拇指上挑等问题。因此，应做传球手形垂直抛接球练习，体会动作要领。

伤害预防

为防止背向目标方向向后摔倒，应注意不要用力过猛。

图 3—4—2

 **侧传**

侧向面对传球方向的传球就是侧传。通常在身体不便正面传球的情况下采用。

动作方法 见图 3—4—3

（1）准备姿势与正面传球相同；

（2）击球点应偏向传出方向一侧，异侧手臂动作幅度略大，伸展速度快，身体伴随传球向一侧倾斜。

技术要点

侧面传球的身体动作是向传球方向侧面用力，由于沙地流动的不稳定性，在传球时，特别要注意保持身体蹬地用力的平衡，以保证球的稳定和准确。

错误纠正

传球时易出现身体用力方向相反、传球不稳定等问题。因此，应加强练习，体会动作要领。

伤害预防

为减少对肩部肌肉、手指、手腕的伤害，练习该动作时，应控制练习时间，以免造成肩部肌肉疲劳性损伤和手指、手腕的挫伤。

传球

图 3-4-3

第五节

扣球

　　沙滩排球的扣球技术，需要眼、手出色地配合，全身各部位之间的协调平衡和速度上的良好把握。在比赛中，能否在传球不到位的情况下保证扣球的质量，是衡量一名队员水平的标准。扣球包括正面扣球、小抡臂扣球、勾手扣球、扣快球、远网扣球、转体扣球和转腕扣球等。

　　正面扣球由于面对球网，便于观察，准确性高，运用广泛。正面扣球的挥臂动作灵活，能根据对方拉网和防守情况，随时改变扣球路线、力量和落点，因而进攻效果好。初学者必须首先学习正面扣球的技术动作，在掌握了扎实的基本功后，再学习其他扣球技术。

动作方法　见图3-5-1

　　(1)由略蹲准备姿势开始，两臂自然下垂，注意控制与球的距离(3米左右为宜)，身体对准来球方向，时刻注视来球；

　　(2)左脚先迈出一步，然后右脚再快速跨出一大步，左脚及时跟上，踏在右脚之前，准备起跳；

　　(3)在助跑跨出最后一步的同时，左脚迅速跟上，在踏地制动过程中，两臂由后向前摆动，随两腿蹬地向上起跳，两臂向上积极摆动，动作应具爆发力；

　　(4)起跳后挺胸展腹，上体随右臂向后上方抬起，身体呈反弓形，挥臂时靠转体、收腹动作发力，手掌包满球体，保持紧张；

　　(5)球落地时，缓冲下落力量，为下一动作做好准备。

技术要点

　　注意助跑节奏、起跳时间，以及人、球位置的把握。

❋ 错误纠正

扣球时易出现助跑起跳不连贯、人球位置错位、击球没有鞭打动作等问题。因此，应分解进行练习，体会动作要领。

❋ 伤害预防

为免造成踝关节受伤，应注意落地缓冲，不要踩到拦网队员的脚。

图 3-5-1

小抡臂扣球是以肘关节围绕肩关节做回旋加速、挥臂击球的一种技术动作。

❀ **动作方法** 见图 3-5-2

（1）助跑起跳与正面扣球相同；

（2）起跳后，屈肘摆臂至胸腹间不再向上，而以肩关节为轴心，由后下方向前上方做回旋挥臂动作。

❀ **技术要点**

手臂的挥动始终是沿着圆弧形运动，整个抡臂动作无停顿，连续进行。

❀ **错误纠正**

扣球时易出现助跑起跳动作不连贯、起跳点不准、起跳时间不合适等问题。因此，应多做固定二传的弧线扣球和高度扣球练习，体会动作要领。

❀ **伤害预防**

为减少对挥球手臂和踝关节的伤害，应熟练掌握正确的挥臂击球动作和击球手法。

图 3-5-2

勾手扣球

勾手扣球是队员起跳后侧对网,手臂由体侧下方通过转体动作发力,经头前上方做抡摆式挥动击球动作。

动作方法　见图3-5-3

(1)扣球时两脚应侧对球网,使左肩对网完成起跳动作,或跳起后在空中使左肩转向球网;

(2)起跳后上体略后仰或略向右转,右肩下沉,右臂迅速引至体侧,掌心向上,手呈勺形,同时挺胸展腹。

技术要点

击球手要全掌打开,包住球,掌握好挥臂时机。

错误纠正

扣球时易出现击球手法不对、全掌包不住球、扣不出上旋球等问题。因此,应多做扣固定球练习,体会动作要领。

伤害预防

为减少对挥臂手的伤害,应与二传手加强配合,与拦网结合进行扣球练习。

图 3—5—3

扣快球

扣快球是指在传球队员与扣球队员的配合下，用最短的时间、最快的速度扣弧度与高度较低的传球。扣快球包括扣近体快球、扣短平快球和扣平拉开快球等。

 扣近体快球

基本技术

动作方法 见图 3—5—4

（1）在传球队员体前约 50 厘米处起跳，快速挥臂扣低传球；

（2）击球时，利用含胸、收腹动作，带动前臂和手腕迅速鞭打，以全手掌击球的后上部。

技术要点

（1）短助跑，快起跳；

（2）挥臂击球动作幅度小、速度快，击球的上升期。

错误纠正

扣球时易出现起跳过早或过晚等问题。因此，应重点进行助跑起跳时间、节奏的练习，体会动作要领。

伤害预防

为减少对起跳腿膝关节、踝关节的伤害，运动前应做充分的准备活动，合理掌握练习时间和练习强度，加强下肢力量的训练。

图 3-5-4

 扣短平快球

动作方法 见图 3-5-5

（1）在传球队员体前约 2 米处起跳，扣速度快、幅度低的来球；

（2）助跑人与传球人之间的夹角一般小于 45 度，与球出手同时起跳，在空中挥臂截击平飞球，以全手掌击球的后上方。

技术要点

（1）击球时，迅速以含胸动作带动前臂和手腕加速挥动，以全手掌击球的上方；

（2）可根据对方拦网手臂的位置，在球平飞过程中寻找击球点。

错误纠正

练习时易出现挥臂动作不正确、不能保持在最高点击球等问题。因此，应进行扣固定球练习，体会动作要领。

伤害预防

为减少对起跳腿膝关节、踝关节的伤害，运动前应做好充分的准备活动，合理掌握练习时间和练习强度，加强下肢力量的训练。

图 3-5-5

▼ 扣平拉开快球

✿ 动作方法 见图 3-5-6

在标志杆附近扣顺网传来的平快球时,扣球前要向场外绕,在助跑过程中,根据来球的高度、弧度、速度及时起跳扣球。

✿ 技术要点

脚几乎踏着边线起跳。

✿ 错误纠正

练习时易出现挥臂动作不正确、不能保持在最高点击球等问题。因此,应进行扣固定球练习,体会动作要领。

✿ 伤害预防

为减少对起跳腿膝关节、踝关节的伤害,运动前应做好充分的准备活动,合理掌握练习时间和练习强度,加强下肢力量的训练。

图 3-5-6

 远网扣球

在距网 2 米并向后场延伸的空间扣球为远网扣球。远网扣球是沙滩排球中广为采用的一种扣球方法。

 **动作方法** 见图 3-5-7

（1）击球点保持在右肩前上方最高点，充分利用收腹动作增大扣球力量；

（2）击球时全手掌击球的中后部，并伴随着手腕向前推压动作，使球呈上旋飞行。

技术要点

由于距离比较远，击球力量要大。

错误纠正

练习时易出现挥臂动作不正确、力量不够等问题。因此，应进行扣固定球练习，体会动作要领。

伤害预防

为减少对起跳腿膝关节和踝关节的伤害，运动前应做好充分的准备活动，合理掌握练习时间和练习强度，加强下肢力量的训练。

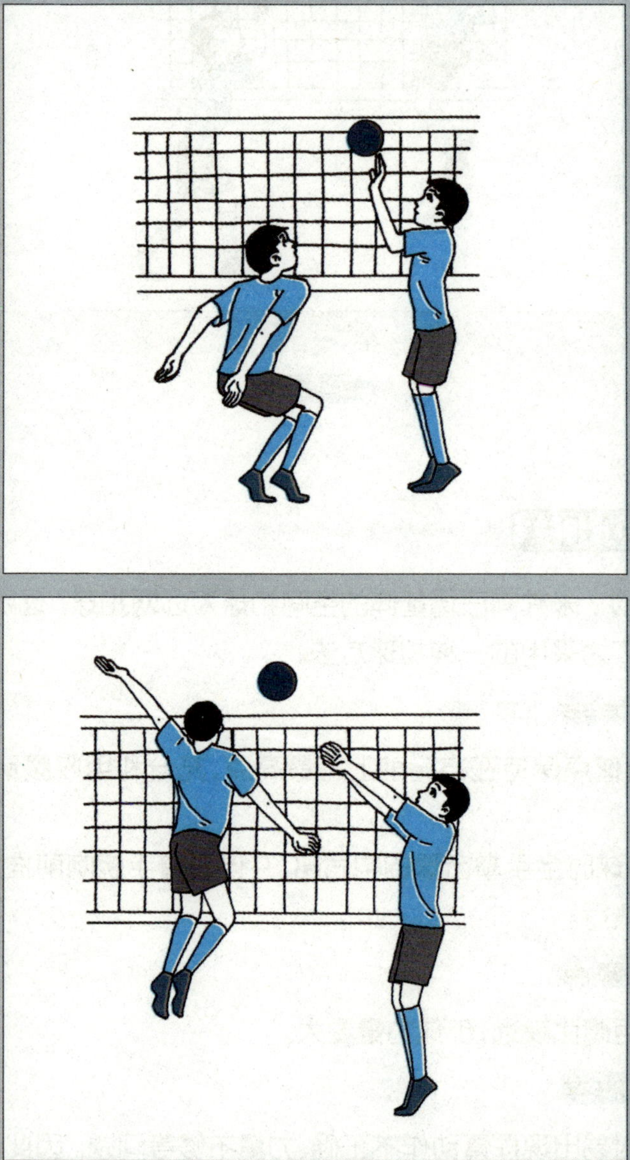

图 3-5-7

转体扣球

转体扣球是指扣球队员在空中击球瞬间突然改变原有的扣球方向和扣球路线。

动作方法 见图3-5-8

向右斜线击球时,利用向左转体收腹,带动手臂向左挥动,全手掌击球的右上方,使球向左飞出。

技术要点

动作隐蔽,转体迅速。

错误纠正

练习时易出现转体动作不协调等问题。因此,应进行转体扣球练习,体会动作要领。

伤害预防

为减少对起跳腿膝关节、踝关节的伤害,运动前应做好充分的准备活动,合理掌握练习时间和练习强度,加强下肢力量的训练。

图3—5—8

转腕扣球是沙滩排球中常用的一种个人扣球技术，往往能起到事半功倍的作用。

动作方法 见图3—5—9

（1）利用手腕转动动作，改变原有手臂的挥动方向和扣球路线；

（2）可根据对方的拦网实际情况，选择向内或向外转腕。

技术要点

动作隐蔽，转腕迅速。

错误纠正

练习时易出现转腕动作不协调等问题。因此，应进行转腕扣球练习，体会动作要领。

伤害预防

为减少对起跳腿膝关节、踝关节的伤害，运动前应做好充分的准备活动，合理掌握练习时间和练习强度，加强下肢力量的训练。

图 3—5—9

第六节

拦网

　　拦网是沙滩排球运动中攻防兼顾的一项重要技术。拦网是防守的第一道防线,具有强烈的攻击性,是得分的重要手段之一。

 **动作方法** 见图 3—6—1

　　(1)面对球网,两脚左右开立,约与肩同宽,距网 30～40 厘米;

　　(2)两膝略屈,两臂屈肘置于胸前,观察对方,随时准备起跳或移动;

　　(3)原地起跳时,两腿先下蹲,随时准备用力蹬地,两臂以肩部发力,以上臂为半径,在体侧近身处,画弧或前后摆动,迅速向上起跳;

　　(4)起跳时,两手从前额沿球网向上方伸出,两臂伸直并保持平

衡，两肩上提；

（5）拦网时，两臂应伸过网，在不触碰网的情况下尽量去接近球；

（6）两手自然张开，屈指、屈腕呈半球状，当手触球时，两手要突然紧张，手腕下压盖在球的前方；

（7）拦网后，要做含胸动作，以保持身体平衡，手臂先后摆或上提，从网上收回至本方上空，再屈肘向下收臂，以免触网；

（8）屈膝缓冲，两脚落地，若未拦到球，则在下落时就要随时转头，并以与转头方向相反的一只脚先横过来落地，随即转身面向后场，准备接应队友垫来的球。

✿ 技术要点

掌握起跳时机，垂直向上跳起，过网拦击。

✿ 错误纠正

拦网时易出现起跳过早或过晚等问题。因此，应重点进行助跑起跳时间、节奏的练习，体会动作要领。

✿ 伤害预防

为防止脚踝扭伤，应注意落地缓冲。

拦网

图 3-6-1

第四章 基础战术

　　沙滩排球战术是指在比赛中,根据规则和运动规律及临场竞赛情况的发展变化,有意识地运用合理技术,互相配合,所采取的有目的的、有针对性的行动。由于沙滩排球只有两名队员上场比赛,无职能分工,因此,沙滩排球战术主要体现于两名队员之间的默契配合。沙滩排球的基础战术包括发球战术、传球战术和其他战术等。

第一节
发球战术

发球战术不靠整体实力，只凭个人技术来完成，因此练好过硬的发球技术，是此项战术的关键所在。发球战术包括加强发球质量、控制发球落点、改变发球方法及发球的攻击性和准确性等。

加强发球质量

加强发球质量主要表现为发球的力量、速度、弧度和旋转几个方面，以达到给对方制造麻烦，直接得分或者破坏对方组织的进攻的目的。

控制发球落点

控制发球落点的重点是：

（1）将球发到对方队员之间的连接区，或边线和底线附近，让对方难以判断，增加其接球难度；

（2）直接找对方进攻能力较强的队员，迫使其先接球再进攻，打乱对方的进攻节奏；

（3）找对方垫球技术差、情绪不稳定或心理素质较低的"薄弱"队员。

改变发球方法

改变发球方法包括改变发球速度、改变发球弧度和改变发球位置等。

改变发球速度

欲达到先发制人的目的,可运用击球点高、近网、速度快的飘球或大力发球,也可运用轨迹高缓、速度慢的发球,利用速度给对方制造麻烦。

改变发球弧度

发球时可以增加球的旋转,改变飞行弧度,也可通过高吊球,利用球体向下产生的重力加速度,使对方不适应。

改变发球位置

发球队员可采用不同的发球位置,如端线近处或远处,也可在端线右半区或左半区。发球距离和位置不同,发球的质量也会随之改变。

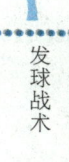

发球的攻击性与准确性

(1)在本方比分落后,或者对方进攻较强的情况下,可采用加强攻击性的发球方法;

(2)本方比分领先较多,可采用进攻威力大的发球,以扩大战果;

(3)比赛中断,如叫停等情况,或者在对方为进攻弱轮次的情况下,应注意发球的准确性和稳定性;

(4)在关键时刻、关键比分情况下,应确保发球的准确性。

第二节
传球战术

传球战术是沙滩排球的基本战术之一，直接影响组织进攻的效果，包括一传战术和二传战术等。

一传战术

一传战术常在第一次接对方来球时运用，是为实施本队进攻战术而采用的击球方法，包括组织快攻战术、组织强攻战术、对方无攻过网战术和发现对方有明显空当战术等。

组织快攻战术

组织快攻战术即采用弧度低、速度快的一传。

组织强攻战术

组织强攻战术即采用弧度略高的一传，为二传队员创造便利条件。

对方无攻过网战术

当对方无攻过网时，应采用上手传球，以加强传球的准确性和速度。

发现对方有明显空当战术

当发现对方有明显空当时，可直接采用传、垫、挡等动作，将球击向对方。

二传战术

二传战术常在为扣球队员供球时使用，包括根据本队实际情况合理分球、根据对方拦网部署情况进行配合、根据本方队员不同起跳时间情况互相配合和根据一传情况合理运用传球等。

根据本队实际情况合理分球

根据本队实际情况合理分球是指传快球、拉开球、背飞等，以破坏对方防守。

 根据对方拦网部署情况进行配合

根据对方拦网部署情况进行配合是指与进攻队员在时间和位置上进行配合。

 根据本方队员不同起跳时间情况互相配合

根据本方队员不同起跳时间情况互相配合是指采用升点、降点传球进行互相配合。

 根据一传情况合理运用传球

根据一传情况合理运用传球是指对到位球或不到位球、高球或低球、近网球或者远网球等，进行合理传球。

第三节

其他战术

沙滩排球中的其他战术也很重要，需要练习者学习掌握，包括扣球战术、拦网战术及集体战术中的进攻阵形等。

 **扣球战术**

扣球战术的任务是根据对方队员拦网和防守情况，扣球队员合理

选择扣球方式和路线,有效地突破对方的防守,包括扣球线路变化和扣球动作变化等。

扣球线路变化

扣球线路变化具体方法为:

(1)直线与斜线相结合,长线与短线相结合;

(2)利用助跑路线和扣球线路不同,迷惑对方拦网和防守;

(3)找对方"薄弱"队员,或者找空当。

扣球动作变化

扣球动作变化具体方法为:

(1)运用转体、转腕技术,改变球的线路;

(2)变正面扣球为勾手扣球;

(3)二次球进攻技术;

(4)高点平打,造成对方打手出界;

(5)利用时间差;

(6)轻扣或吊球技术。

拦网战术

拦网战术的任务是根据对方扣球情况,拦网队员采用不同的方法和手段,阻拦对方的进攻。由于沙滩排球是二人制排球,多为单人拦网。具体方法为:

(1)采用在拦斜线位置起跳拦直线,或者在拦直线位置起跳拦斜线,以迷惑对方;

(2)改变空中拦网手的位置;

(3)避免对方制造打手出界,应在空中将手及时收回。

　　沙滩排球是二人制，一般进攻阵形是，一名队员担任一传，另一名队员担任二传，即一传队员是攻手。具体方法为：

　　根据对方发球特点的不同，采取的站位也不同，如果对方的发球是弧度高、球速慢的发球，则站位一前一后。如果对方发球力量大而且弧度平，那么接发球一方通常是平行站位。

其他战术

第五章 基本规则

　　制定各项运动的比赛规则，有助于全民健身运动的深入开展。比赛参与者应该了解运动规则的基本知识，以使自己在比赛过程中游刃有余地发挥技术水平。比赛观赏者也只有在了解基本规则的前提下，才能够充分体验观赏比赛的乐趣。

第一节

比赛方法

沙滩排球队员要按照一定的方法进行比赛,并须遵循一定的规则,以使比赛有序进行。

参赛方法

队员人数与换人

（1）按照国际沙滩排球标准,一个参赛队有两名队员参加比赛,分别为1号和2号;

（2）在比赛中不允许换人,如果一名队员不能继续比赛,则该队即为该场比赛的负方。

比赛时间

（1）沙滩排球运动不受比赛时间限制,以哪队先得分获得胜利为准;

（2）每队在每局有4次暂停机会,可单独使用也可连续使用,每次暂停时间为30秒。

发球权和场地选择

比赛开始前,第一裁判召集两队队长进行掷币。掷币胜方首先选择下列两项中的一项,输方则选择余下的一项。第2局由掷币输方优先选择。决胜局则重新进行掷币。

（1）选择发球或接发球;

（2）选择场地。

比赛方式

沙滩排球与排球比赛方式有些不同,有一局制和三局两胜制两

种。

一局制

一局制即胜一局的队为胜方,具体方法是:

(1)某队先得 15 分,并同时超过对方 2 分的队为胜方;

(2)当比分是 14：14 时,哪一队领先 2 分为胜方;

(3)最高分限为 17 分,即当比分是 16：16 时,先得第 17 分的队即为胜方。

三局两胜制

三局两胜制,即胜两局的队为胜方,具体方法是:

(1)前两局,先得 12 分的队为胜一局;

(2)决胜局采用每球得分制,先得 12 分,同时至少超过对方 2 分的队胜该局;当比分是 11：11 时,比赛继续进行直至某队领先 2 分,没有最高分限制。

比赛方法

适当的比赛方法是确保比赛公平、公正的前提条件,也是客观反映参赛队竞技水平的重要保证,而且对竞赛的组织工作也有很大的影响。排球比赛通常采用淘汰法和循环法两种方法。

淘汰法

淘汰法是在比赛中以胜进负退来确定比赛名次的一种方法,即获胜队可以继续参加进一层次的比赛,失败队失去继续参加进一层次比赛资格的方法。失败一次即失去继续比赛资格的为单淘汰,失败两次便失去继续比赛资格的为双淘汰,和同一队以三战二胜、五战三胜或七战四胜的形式进行淘汰的为多场淘汰。这里主要介绍一下单淘汰和双淘汰。

❈ 单淘汰的编排法

先根据报名参加的队数,对照 2 的 n 次方大于等于 N 的关系式,

来确定比赛的场数、轮数和号码位置数（N 为参赛队数，n 为大于 1 的正整数），比赛场数为 N−1，比赛轮数为 n。

然后，由参赛队抽签，确定参赛队在比赛中的号码位置，再按顺序将号码两两相连，列出单淘汰的轮次表。

例如，8 个队参加比赛（2 的 3 次方是 8），一共要打 7 场比赛，分 3 轮进行（见图 5-1-1）。

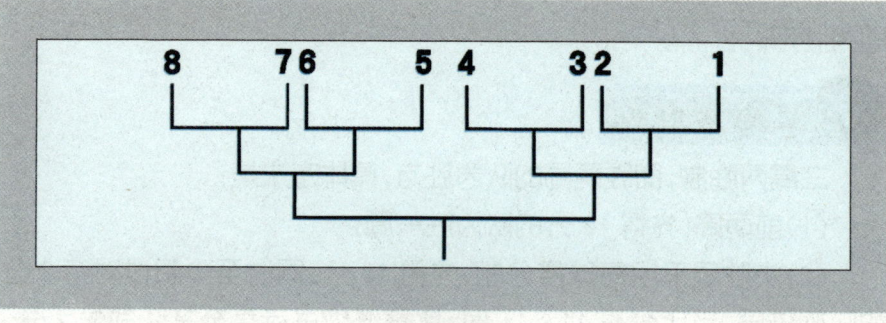

图 5-1-1

如果除了确定冠、亚军之外，还需要确定其他名次时，往往采用附加赛的办法来弥补单淘汰的不足。

附加赛的办法是在同一轮次中，胜队与胜队、负队与负队再进行比赛，直到排出竞赛所需的名次顺序。例如，在 8 个队参加的淘汰赛中，如果需要排出 8 个队的名次，那么在第一轮比赛以后，还要进行附加赛（见图 5-1-2）。

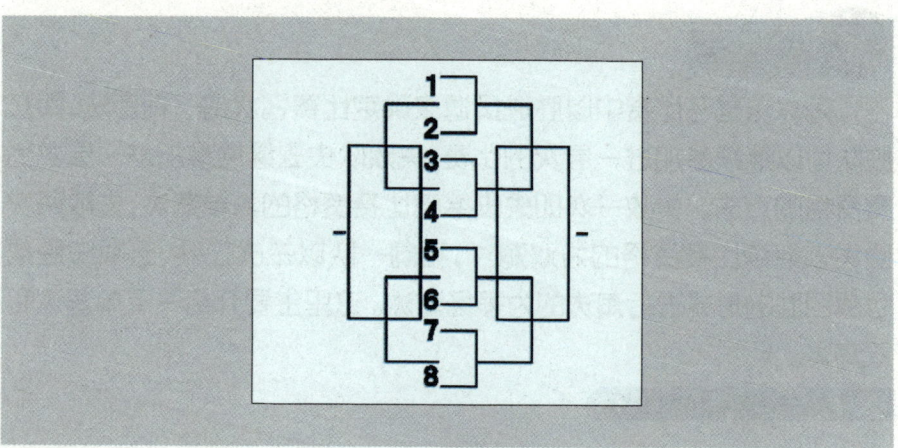

图 5-1-2

双淘汰的编排法

双淘汰的办法是为了使在第一轮中失败的队能够有机会继续参加比赛,甚至参加争夺第一名的比赛,以减少单淘汰中产生偶然性结果。

双淘汰的编排,第一轮与单淘汰的编排相同,从第二轮起,把失败的队再编起来比赛,只有第二次失败的队才被淘汰。因而,即使在第一轮比赛中失败的队,只要它在以后的比赛中能够保持不败,就有可能去争夺冠军(见图5-1-3)。不过,如果它在冠、亚军决赛中获胜的话,还必须加赛一场才能最终分出胜负。

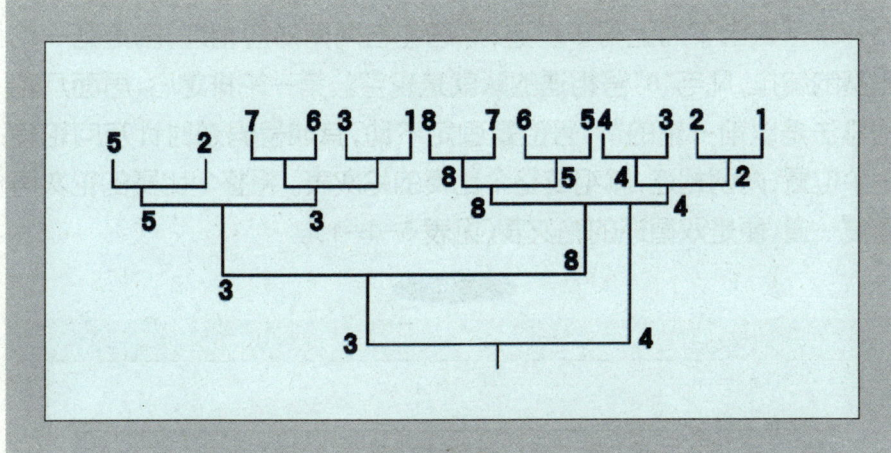

图 5-1-3

 循环法

循环法是使参加比赛的队,在整个竞赛中或在同一组的竞赛中,都能够相遇比赛,最后根据各队在比赛中的胜负场数,按一定的记分办法排列名次。

所有参赛队都能相遇比赛一场的为单循环,所有参赛队都能相遇比赛两场的为双循环,所有参赛队都能相遇比赛两场以上的为多循环。

在参赛队数较多而竞赛时间有限的情况下，往往把参赛队分成若干小组分别进行单循环，这就是从单循环衍生出来的分组循环。

循环法的编排

单循环比赛的总场数为(N−1)／2(N为参赛队数)。

单循环比赛的总轮数：如果参赛队数为单数，则比赛轮数等于队数；如果参赛队数为双数，则比赛轮数为队数减去1。双循环比赛的总场数和总轮数比单循环增加1倍。

传统的编排方法是，无论参加比赛的队数是单数还是双数，都按照双数编排，只不过如果参加队数是单数，则在队数后面加个"0"号，使总数成双。将成双的号数一分为二，前一半号数自上而下写于左边，后一半号数自下而上写于右边，然后左右两两对应相连，就是第一轮比赛的编排，凡与"0"号相遇的队就是轮空。第一轮排定后，后面几轮的排法是以前一轮的"1"号位置固定不动，其他号码逆时针方向轮转一个位置，两两相连，就组成整个比赛的轮次表。将整个比赛的轮次再重复一道，便是双循环的轮次表(见表5−1−1)。

表 5−1−1

第一轮	第二轮	第三轮	第四轮	第五轮	第六轮	第七轮
1−0	1−7	1−6	1−5	1−4	1−3	1−2
2−7	0−6	7−5	6−4	5−3	4−2	3−0
3−6	2−5	0−4	7−3	6−2	5−0	4−7
4−5	3−4	2−3	0−2	7−0	6−7	5−6

在这种编排中，如果比赛队数是单数，则要注意一个问题，即抽到N−1号的队，从第四轮起都将和前一轮轮空的队比赛。而且，N数越大，抽到N−1号的队以逸待劳的比例也越大。显然，这对N−1号的队

是很不合理的。

有人通过研究,采用了一种新方法,以便解决单数队循环中的不合理问题,即将原来第一轮次中的"0"号移到右边最下的位置,其他几个号码分别上移一个位置。然后,以"0"号位置固定不动,其他号码每一轮逆时针方向轮转一个位置,两两相连,组成一种单数队循环比赛新的轮次表,避免劳逸不均的情况(见表5-1-2)。

表 5-1-2

第一轮	第二轮	第三轮	第四轮	第五轮	第六轮	第七轮
1-7	7-6	6-5	5-4	4-3	3-2	2-1
2-6	1-5	7-4	6-3	5-2	4-1	3-7
3-5	2-4	1-3	7-2	6-1	5-7	4-6
4-0	3-0	2-0	1-0	7-0	6-0	5-0

循环法的号码位置排定

比赛轮次排定后,各队进行抽签,抽签后将号码代入轮次表中,再把各轮次的比赛编成比赛的日程表。

在进行分组循环比赛时,首先要把分组的办法确定下来。通常采用的分组办法有两种:第一种是按上一届竞赛中的名次进行分组,即蛇行排列的方法。全部参赛队一起抽签分组,分组后再抽签确定号码位置,然后将各队按号码分别代入相应的各组比赛轮次表中去(见表5-1-3)。第二种是先协商确定种子队(种子队数应等于或倍于组数),然后由种子队抽签定组别,再由其他队分别抽组别签和组号签。

表 5—1—3

一	二	三	四
1	2	3	4
8	7	6	5
9	10	11	12
16	15	14	13
17	18	19	20

基本规则

✿ 循环法的名次排定

采用循环法的竞赛,要确定名次,不是以一场比赛的胜负,而是以各队的全部比赛胜负来计算的。一场比赛的胜负,以积分的形式来表示,胜一场得 2 分,负一场得 1 分,弃权为 0 分。下面是名次排列的原则:

(1)按积分多少排列;

(2)在积分相等的情况下可按以下原则排列:

第一,按相互间比赛的胜负场数排列;

第二,如果遇到两队或者两队以上积分相等,则按下面办法决定名次:计算 C 值,C 值 =A(胜局总数)/B(负局总数),C 值高者名次列前;如果 C 值仍然相等,则计算 Z 值,Z 值 =X(总得分数)/Y(总失分数)。

比赛顺序 ◆◆◆◆◆◆◆◆◆◆◆◆

发球

✿ 发球顺序

(1)发球方赢得 1 球时,由同一名发球队员继续发球;

(2)接发球方赢得 1 球时,该队取得发球权,并由上次发球方的另一名队员发球。

 **发球方法**

(1)发球队员必须在第一裁判吹哨允许发球之后 5 秒内发球;

(2)发球队员可在发球区内自由移动,但在发球击球瞬间或跳跃发球的起跳瞬间,发球队员不得踏入场内(包括端线在内),也不得踏出发球区;

(3)发球队员将球抛起或放开球之后,只能以单手手掌或手臂的任何一个部分将球击到球场内;

(4)如果发球队员将球抛起或放开之后,未再接触或接住该球而让球落地,则该球视为发球失误。

击球

 **击球次数**

(1)每一球队均有 3 次击球机会,将球回击过球网到对方场地;

(2)3 次击球不仅包括队员的主动击球,也包括被动的触球动作;

(3)同一队员不得连续击球 3 次。

 **同时触球**

(1)如果同队两名队员同时触球,则视为二次击球;

(2)如果两队队员在网上同时触球,且比赛继续进行,则接球的一方仍有 3 次击球。

拦网

拦网队员进行拦网时,可将手掌或手臂伸越过球网,但不得妨碍对方队员击球。因此,在对方队员进行攻击之前,拦网队员不得越网触球。

球触网

(1)当球飞越球网时,可触及球网;

(2)当球击入球网时,该队可在 3 次击球次数限制内将球救起;

(3)如果球将球网的网孔击破或将球网击落,则该球不计,并重新

发球。

暂停

（1）一局中每队可请求 1 次暂停，时间为 30 秒；

（2）队员只能在成死球后且裁判鸣笛指示发球之前，请求暂停；

（3）两队可连续请求暂停，中间无须经过比赛。

换场

（1）前两局中，每当双方得分数之和为 7 的倍数时，换场 1 次；

（2）第 3 局中，每当双方得分数之和为 5 的倍数时，换场 1 次；

（3）换场时，两队必须立即交换场地，不得延误比赛；

（4）如果未在正确的时间换场，一旦发现此错误，应立即进行换场，换场时的比分维持不变。

局间休息

局间的休息时间为 1 分钟。

受伤中断

（1）比赛进行中，当队员受伤时，裁判必须立即鸣笛中止比赛，该球不计，重新发球；

（2）受伤的队员可获得 5 分钟的恢复时间，但一场比赛中只允许 1 次受伤恢复时间；

（3）在 5 分钟复原时间结束后，如果受伤队员不能继续比赛，则判其所属队伍阵容不完整。

第二节

裁判方法

在比赛过程中，裁判人员通过履行职责，进行正确的裁判工作，来保证比赛的公平、公正。

裁判人员

一场比赛的裁判人员有第一裁判 1 名、第二裁判 1 名、记录员 1 名、司线员 2 名或 4 名。

（1）第一裁判位于球网其中一端的裁判台上，可坐或站立，其视线必须高于球网 50 厘米；

（2）第二裁判位于第一裁判对面的网柱后面，且于比赛场地外，面向第一裁判；

（3）记录员位于第一裁判相对的场地一方所设置的记录台，并面对第一裁判；

（4）如果有 2 名司线员，那么他们应站在场地对角线的两端角落，并距离两端角落 1～2 米；

（5）如果有 4 名司线员，他们应站在场地四个角落的无障碍区中，并距离界线 1～3 米。

记分

记录员的工作非常重要，他根据规则填写记录表并与裁判员进行合作，在必要时用蜂鸣器通知裁判员场上出现的犯规。

记录员的记录必须准确无误，这是全场比赛进程及最终结果的唯一文字依据。

犯规

发球犯规

下列情况判为发球犯规：

（1）未将球抛起或未使球清楚离手就击球；

（2）双手击球或单手持球抛出、推出，以及用手臂以外的身体任何部位击球；

（3）原地发球或跳起发球击球时，脚踏及端线或踏越发球区的短

线；

(4)未能在鸣哨后 5 秒内发球，或发球试图之后，在再次鸣哨后 3 秒内仍未发球；

(5)发球犯规与对方位置错误同时发生；

(6)发球顺序错误与对方位置错误同时发生。

 发球失误

遇下列任何一种情况，则判发球失误：

(1)球抛起后，发球队员未击球，而球从空中落下时触及该队员的身体任何部位；

(2)发出的球触及本队队员、球网、标志杆或其他物体；

(3)球未过网或未从过网区过网；

(4)发出的球未触及对方队员而落在对方场外。

 重新发球

遇下列任何一种情况，则判重新发球：

(1)裁判员未鸣哨已将球发出；

(2)每次发球时仅有 1 次发球试图之后；

(3)遇特殊情况必须停止比赛时（如队员受伤、球滚入场内等）。

 发球顺序错误

遇下列任何一种情况，则判发球顺序错误：

(1)未按记录表上登记的发球顺序进行发球；

(2)发球队胜 1 球时，原发球 1 号队员未继续发球，而由 2 号队员代替发球；

(3)接发球队获得发球权后，未经轮转发球。

 持球

根据规则规定，如一名队员没有将球击出，并把球接住或抛出，则应判为持球犯规。判断持球主要根据球是否停滞在队员身体的任何部位,并联系球是否被击出和击球时有无错误动作。合法的击球应是一个单一的动作,而持球犯规先是使球停滞,再将其击出。好的击球动作应是击球果断,球出手快、声音清脆,出球的方向和高度与动作相符合。击球动作很"黏",缓冲过大,则持球的可能性就越大。

连击

规则规定,如 1 名队员连续击球 2 次,或被球连续触及其身体的不同部位(栏网和第一次击球除外),则判为连击犯规。这条规定包含两个意思:一是 2 次触球不是同时的,而是有先后的;二是在 2 次击球中,无另外队员触球。

规则又规定,在第一次击球时,允许身体不同部位在同一击球动作中连续触球。判断时,应分清是第几次击球,如是第一次击球,无论是上手传球还是其他身体部位击球,只要是同一击球动作,则无连击的可能。如是第二次和第三次击球,应注意是否造成连击犯规。

触网犯规

规则规定,队员在有意图击球时触网,判为犯规;队员在非试图击球时偶然触网,但不影响比赛,不为犯规。

掩护犯规

发球队员的队友不得利用掩护动作阻止对方队员看见发球队员或发球路线,否则判为犯规。

击球犯规

四次击球犯规

一名队员将球回击到对方场地前击球 4 次,判为犯规。

借助击球犯规

队员借助队友或任何结构或物品的支撑达到击球目的,判为犯规。

持球犯规

除了在防守强攻球和双方队员在网上同时击球时可以轻微持球外，其他情况不得持球，否则判为犯规。

 连击犯规

一名队员连续击球 2 次，或球连续接触队员身体数个不同的部位，判为犯规。

 网前犯规

下列情况判为网前犯规：

（1）在对方队员进攻之前或正在进攻时，在对方场地中触球或接触对方队员；

（2）越界进入对方活动范围、场地或无障碍区，且干扰对方队员击球；

（3）队员触网。

攻击犯规

下列攻击动作判为犯规：

（1）队员在对方的场地空间内击球；

（2）队员攻击时出界；

（3）队员以张开的手掌吊球或虚攻，将球击向对方场地；

（4）队员在对方发球时，当球还完全在球网上方时就进行攻击。

拦网犯规

下列情况判为拦网犯规：

（1）拦网队员在对方队员击球之前或同时，在对方空间内触球；

（2）队员从标志杆外越过对方空间内拦网；

（3）队员拦截对方发球；

（4）队员触及拦网队员后出界。

球出界犯规

下列情况判为球出界：

（1）球体触地部分完全在球场界线之外（未触及界线）；

（2）球接触到场外的任何物体；

（3）球触及标志杆、绳索、网柱、标志带和标志带外侧的球网部分；

（4）发球时球体完全或一部分从球网上的有效空间外通过其垂直平面。

 **罚则**

球队犯规即受判罚，由对方赢得 1 分。如果发生连续 2 种以上犯规的类型，则仅判罚第 1 次犯规。如果双方同时犯规，双方均不得分，且重新发球。

 **不当行为及判罚**

 **不当行为**

对裁判、对方队员或观众做出的不当行为，可依冒犯程度分为以下四类：

（1）争论、恐吓等违反比赛精神的行为；

（2）态度不佳或违反道德等无礼行为；

（3）诽谤或使用侮辱的言词或动作等冒犯行为；

（4）有实际攻击或企图侵犯等侵犯行为。

 判罚

根据不当行为的冒犯程度，第一裁判可以做出以下判罚：

（1）针对违反比赛精神的行为，将对相关的队员提出警告，以防止同一局中重复发生该行为，但不予判罚；

（2）针对无礼行为或重复发生的违反比赛精神行为，将判罚丧失 1

球；

（3）针对重复发生的无礼行为或冒犯行为，将判罚驱逐出局，被驱逐出局的队员必须离开比赛场地，其所属队伍在该局比赛为阵容不完整；

（4）针对侵犯行为，将判罚取消比赛资格，被取消比赛资格的队员必须离开比赛场地，其所属队伍在该场比赛为阵容不完整。